U0036081

好風好水 好運到

鄭雅勻——著

何謂風水？

在現代的建築房屋當中，只要有新鮮的空氣、充足的陽光、乾淨的水，我們就稱它為風水。

在古代來說，傳統的風水，必須注意巒頭和理氣，而派別更是多種，事實上，風水又稱堪輿地理學，也就是環境學，它與科學、天文、地理、生物學都有很大的關聯。

風水就是時間與空間的學問，風水就是生活，而我們天天都生活在其中，從來也沒有離開過，因此本書內容著重風水的環境與人所產生的影響，舉凡一棵樹、一幅圖畫、一個內部的空間擺設，只要可能會影響人的思維的環境，都是風水。因為宇宙地球本身就是一個大磁場，人體是一個小磁場，彼此是相互作用，交替影響的，人體的活動思維會受到環境的變化而產生改變，而環境與環境之間，也會相互

作用，進而展現磁場的影響力，風水也是「地球磁場與人類關係學」。

在《風水探源》一書也提到：風水的核心觀念是人們對居住環境進行選擇和處理的一種學問，其範圍包含住宅、宮室、寺廟、陵墓、村落、城市等諸方面，其中涉及陵墓叫陰宅，涉及住宅方面為陽宅。

舉例來說，有些人因居住環境良好，而健康長壽，有些人因居住地方的環境不良卻容易生病或早逝，也有些人因居住的環境風水格局相當好而讓他大發特發，有些人卻因為居住的環境風水煞氣相當多而破財。風水是一門科學，但結合了傳統風水，我們就必須考慮山型、地貌、水流、甚至是水質，還有空氣的影響，甚至氣候的變化、教育文化、民

陽宅風水首重潔淨、明亮

俗風情、飲食習慣、教育信仰等等因素，因為環境風水，它主宰了人的思維、判斷力、智力與情緒，而情緒出現了問題，也是導致事情發生的原因。

自古以來，風水被視為神祕而無法定位的學說，因為有很多學派，但卻不曾消失，反而被後人廣泛的推廣。現在大家都可以用深入淺出的方式來了解風水，原來它是有基本的脈絡可循，要了解風水，就先從與我們最密切的陽宅開始看起，陽宅風水，不管是外在的環境或是居家內部的格局擺設，就是必須使人能夠住得安心舒適自在，只有在安定情緒的環境中，才能有正常的生活以及工作，因此運用風水堪輿來擇屋而居，或是來化解陽宅不好的煞氣，是非常重要的。

但是我相信也有人會認為風水是迷信、無稽之談，或許這些人不了解風水其實是一門可以用科學方式來做判斷以及說明的，風水不是迷信，迷信的是人。常有人問我，哪種風水可以賺到錢？哪裡可以不用努力，就可以輕鬆達到權力富貴與長壽？而他們卻一天到晚飲酒作樂，不積極努力賺錢，一旦風水沒有辦法幫他們在短期內致富，就認為風水是迷信，其實如果可以真正了解風水，它是可以幫助我們改

善生活、改變命運的。

　　也有很多人認為風水是萬靈丹，是一帖特效藥，有人想藉由風水發大財，有人想藉由風水娶妻生子，更有人想一步登天，認為買一個聚寶盆甚至買一些招財的物品，就可以賺大錢，更有人道聽途說，花了許多錢，心想只要可以改變，就買了一堆招財的物品戴在身上。正所謂人的慾望是無窮止盡的，殊不知風水不是神蹟，也不可一蹴可幾，到頭來迷信的是自己，天下沒有不勞而獲的事，凡事不努力，怎可要人助，天助也難，其實風水就是生活，而每個人每天都生活在其中，風水有時必須去感覺去體會，用心體會它對環境與自己的影響。

　　也常常聽到，「早知道，我就不會這樣，早知道，我就賺大錢了」，

千金難買早知道，萬金難買後悔藥，當一個人遭受到重大的挫折時，最怕的就是接二連三的打擊，有的人因此事業家庭跌落萬丈深淵，有的人也因此而一蹶不振，失敗其實並不可怕，可怕的是，沒有去了解真正失敗的原因，而一再的抱怨周圍的人事物，我想除了一些現實的外在因素之外，有一些是可以靠自己來掌握的，人如果真的想要改變自我，得到真正的勝利，一定要有所謂的天時、地利、人和來幫助。

人的心情往往都是矛盾的，想了解自己的命運，自己居住的環境，又怕知道太多，對未來心生恐懼，有時又怕對未來完全不知情，想發展事業怕失敗，想買房子怕未來失業繳不起房貸，想生個兒子卻又生了個女兒，不僅是想法矛盾，就連現實生活也矛盾。人們通常習慣在一個穩定熟悉的生活環境中，怕改變、怕麻煩、怕花錢、怕家人不開心、怕人家看笑話，生活中無時無刻都害怕，充滿不確定的恐懼，其實這是不對的想法，想想看，如果可以先了解自己、了解自己的房屋格局，以及生活的環境，很多事情是可以防範與改變的，一個人如果連自己都不認識、不了解，又如何能趨吉避凶？改變自己的生活是可以有方程式的，你能改變嗎？

到底風水可以幫助我們多少，我們常聽到一命二運三風水，四積德五讀書，先

天的八字佔人生的百分之四十，這是不能改變的。有人說，自己的命不好，將八字

改一改就好了，八字是個人出生年月日的時辰，那個時辰早已固定，無法變更，八

字就是一個人的命，唯有後天用積極的心態去面對，勤讀書，增智慧，要懂得感

恩，而運是可以改變的，得運時要把握，失運時要保守，其次也可以透過名字來改

運，有人因為八字不好來改名，當然也有它的效果，而風水佔人生的百分之三十，

它是生活，不可以逃避，要面對，而這當中，又有百分之四十所影響的是陰宅，百

分之六十影響的是我們的居住環境，又稱陽宅。

接下來我們就以深入淺出的方式，來談陽宅內部格局、談居家陳設、談花花草

草、談一些風水實例，讓大家更了解陽宅風水，了解自己與生活，進而改變自己的

命運。最後說明：為了提供讀者更好的陽宅改運知識，特別將《鄭雅勻彩色圖解陽

宅風水》和《鄭雅勻陽宅造運旺旺旺》兩書合併而成本書，讓讀者一次擁有。

《目錄》

鄭雅勻 彩色圖解

陽宅風水

一、什麼是房屋的平面圖

當我們去購買預售屋的時候，通常銷售人員會給我們一張房屋的尺寸圖，這張尺寸圖會註明廚房、餐廳、衛浴、房間的位置，樑柱的大小，我們稱為房屋的平面圖。它是買房子的主要依據之一，因為房子還沒有蓋好，只有樣品屋可以看，沒有實際的房子供我們做參考，而平面圖上會清楚的標示尺寸，或是裡面有什麼配備，讓自己清楚的知道，你買了幾坪？你的房門如何開？床如何擺設？書桌擺哪兒？……等等屋內格局。

但是如果你買的是中古屋，就沒有這張平面圖，這時你可以透過室內設計師，或是裝潢人員幫你規劃好，那麼就可以清楚的知道，廚房位在哪一方？或是廁所在哪一個方位？透過了解方位，更有效清楚知道房屋的財位、文昌、桃花位。

study room

living room

ENTRY

bath room

dining room

master bedroom

bedroom

cookroom

dressing room

working space

半面圖範例

◎ 如何看懂平面圖？

有了平面圖，首先必須認識平面圖，要看得懂上面畫了些什麼，常常看有些朋友，買了房子之後，還是不了解建商給了些什麼，只因上面所有標的他看不懂，其實，如果是房屋準備裝潢，室內設計師除了畫好平面圖之外，所有的立體圖或是透視圖，設計師都會解釋給我們聽，但是如果我們一開始就有基本概念，就不必擔心了，現在我們就教大家簡單容易懂的標示。

地面所呈現的標示

1・石磚塊：庭園造景時，用它來代替步道的方向

2・草坪

3・樹

門窗所呈現的標示

1・門

2・中間是密閉玻璃窗戶，兩側可以打開。

4・樓梯

5・車庫

6・交錯鋪設的磁磚

7・磁磚

8・地毯

9・地板

ENTRY

working space

cookroom

living room

bedroom

dining room

study room

bath room

master bedroom

dressing room

家具所呈現的標示

1・沙發

2・大茶几

3・小茶几

4・桌燈

5・餐桌椅

6・冰箱

7・洗水槽

3・對開的窗戶

working space

cookroom

bedroom

master bedroom

dressing room

16
·
椅
子

15
·
低
櫃

14
·
高
櫃

13
·
化
妝
台

12
·
電
視
櫃

11
·
書
櫃

10
·
衣
櫃

9
·
雙
人
床

8
·
瓦
斯
爐

ENTRY

living room

dini

study room

公共區域的標示

3・樑

2・電梯

1・樓梯

21・鋼琴

20・淋浴間

19・洗臉台

18・浴缸

17・馬桶

working space

cookroom

bedroom

ing room

master bedroom

dressing room

ath room

4
.
柱

ENT

living room

study room

二、如何為自己繪製居家平面圖

購買一間房屋並不容易，有時並不會裝潢，家具買一買就直接搬進去住了，這時可以自己畫嗎？當然可以，現在我們就教大家簡易平面圖畫法。

◎ 準備工具如下：

1・直尺，約三十公分比較好用，也可以選擇一比一百的比例尺

2・自動鉛筆一支

3・捲尺

4・空白的格子紙，上面有直線橫線比較容易繪出

5・橡皮擦

現在我們就來開始用紙筆來畫出自己家的平面圖。

1. 先手繪一張草圖，例如四方型的房屋，必須先畫四周圍，房子裡廚房廁所房間在哪兒，用筆寫下來。

2. 用捲尺丈量整個房子的輪廓，可以先從一個房間裡量起，房間也一樣有四個邊，四邊的尺寸是多少，床擺在哪裡，尺寸是多少，門窗開在哪裡，尺寸又是多少，衣櫃等等，都先量出來，並且畫下來，這時一個房間的圖面就完成了。

3. 每一個房間都一樣，包含廚房、衛浴、書房，都可以這樣畫出來，在丈量整個房屋的總長度、寬度，就可以將一張房屋的平面圖完成。

4. 如果你有信心，可以一次就畫完，可以一次量完整個房子的輪廓，每個牆面的厚度，房間門的大小，依比例畫出來，然後再看餐桌、沙發等等家具的位置在哪裡，它們分別的尺寸如何，基本上你的平面圖已經完成。

木作暗門
繃布背版

傭人衣櫃

原有佛桌
原有佛桌

主浴
1010
1.5坪

1009
4.5坪

書房
1008
3坪

+50

客浴
1007
1.7坪

臥室
1006
4坪

佛堂
1005
1.6坪

廚房
1004
2.5坪

電器櫃

餐廳
1003
3坪

客廳
1002
8.5坪

玄關
1001
1坪

木作暗門

平面圖範例

如何為自己繪製居家平面圖　22

三、了解平面圖的重要性

有了基本的平面圖，就可以了解房屋的方位，也就是座哪裡，向哪裡，這是最基本的概念，先找出適合自己的方位，再來挑選房子，會比較理想，到底座向如何看呢？通常先在一樓或屋前定羅盤，也就是先了解基地座向，基地座向不會改變，整棟大樓只會有一個基地座向，但採光面可就不同了，上樓看自己的住家，整面落地窗的位置在哪裡，採光面就在哪裡，所以前後棟的採光面不會一樣，採光面也不一定會是基地座向，這點務必釐清，在屋內也可以再看一次室內方位，但必須找出房屋的中心點，如果這時有平面圖會更理想，站在中心點再定一次方位，另外，也可以了解自己的房屋是否有缺角，或是不規則形狀，如何透過陽宅風水調整，使風水缺陷減少，但有時指北針會因為室內大樓鋼筋會有些磁波影響，精準度會降低。

四、從平面房屋知興衰

現在的土地，寸土寸金，有時候很難選到格局方正的房子，但中國人是凡事講求圓滿方正，即使在選屋、購屋的過程中也是如此，盡量不要有缺角，或者凹凸不平。所謂缺角，指的是房屋內部格局不方正，形成內部凹陷不完整，每一個缺角對房屋本身，都是有相對影響力的，以風水的二十四方位來說，最重要的四正：東，南，西，北，還有四偶：東北，東南，西北，西南，不管房子哪裡缺角，對全家的成員當中，必然有所損傷，分別的影響如下：

一、平面缺東的房屋

對家庭及家人的影響：

東方在易經卦象中，代表長男的運勢，或是年齡31歲到45歲的男性，東方不見

了，也象徵長男的工作機會變少，考運不佳，甚至可能常常必須去外地工作，自然發生意外的情形也會相對增加。

以整體的家運來看，東方代表光明，也代表太陽升起的方向，如果房子缺了東方，此房屋的光線必然不足夠，也象徵全家人的活動力不大，整個家庭的氣氛，比較沒有朝氣，有時候，還會懶洋洋的不想出去工作，而且家人彼此在想什麼也都不知道，大家都各自做自己的事情，溝通不易，也不喜歡待在家裡，整個家庭就像一盤散沙，家運自然也就不昌隆了。

對健康的影響：

一個房子如果缺了東方，家人在健康上比較容易出現焦慮，做事無法集中精

北　東北　東
西北　東南
西　大門　西南　南

平面缺東的房屋

神，常常覺得睡不好、又很容易疲憊，也很容易莫名其妙的發脾氣。

在易經卦象中，東方代表身體上肝的部位，也代表聲音，舉凡跟肝有關的疾病，例如：眼睛、長時期的熬夜、眼睛乾澀、流眼淚，或是長時間睡眠狀況不好，或是神經系統上的毛病，脾氣不好、憂鬱、頭痛、神經衰弱、顏面神經失調，或是小孩的語言出現了障礙，常常聲帶感覺不舒服，都可以先從居家的東方找起，看看是不是風水出了問題。

二、平面缺南的房屋

對家庭及家人的影響：

南方在易經卦象中，代表第二個女兒的運勢，或是年齡16歲到30歲的女性，如果缺角了，女兒的人際關係會顯得不好，而且她的感情路上

平面缺南的房屋

會特別不順利，如果到了適婚年齡，通常也會錯過美好的姻緣，即使有了正在交往的男朋友，也會因吵架或第三者介入而分開，甚至沒有婚姻。

以整個家運來看，夫妻會為小事爭吵不斷，嚴重者還容易出現女性紅杏出牆、丈夫容易有外遇。缺南方的房子，家人比較重視個人的生活隱私，對金錢方面沒有觀念、揮霍無度，很容易借貸過日，如果是在做生意的朋友，請注意盡量以現金做買賣，而且不可以為他人作保、背書，否則可能容易被倒帳、也容易出現官司及口舌是非等事。

對健康的影響：

南方屬火：一個房子如果少了南方，家人做任何事情時會顯得急躁，跟家人的溝通也容易產生冷漠的情形，或者是像速食一樣，感覺是漠不關心的樣子，而且家中容易產生有暴力傾向的男女，他們的情緒容易失控，一些申請保護令的朋友們，可以先檢查一下居家是否少了南方。

長時期居住在這樣的空間當中，也比較容易有慢性疾病的發生，例如：心臟病、血壓不穩，有人高血壓，有人低血壓，敗血症，中風型的腳氣病，眼睛容易疲勞，注意力變得不集中，小孩在語言學習上也容易有語言遲緩的問題。

三、平面缺西的房屋

對家庭及家人的影響：

西方在易經卦象當中，代表最小的女兒，也稱少女之意，或是年齡16歲以下的女性，除了影響少女的工作運與事業運之外，她的婚姻也不盡美滿，除此之外，又關係到整個家庭的財務狀況，西方是一個財富的方位，更是一個交際與口才的方位，在一個房子的功能上佔有極度的影響力，如果西方不見了，整個家庭易有全面性的負債，也有可能會因為經商失敗，或是卡債的問題，造成一家人為經濟所苦。

在外工作的朋友們，如果發現與同事間經常有口舌是非，或是容易被朋友出

賣，也可以檢查一下西方的位置，因為西方主交際應酬，西方不見，與人溝通不易，容易遭小人暗算，可能因為一句話的錯誤，導致官司的情形發生。

對健康的影響：

口腔容易有潰爛的情形，牙齒容易鬆動，或是齒顎發育不完整、有咀嚼上的困難，而間接影響腸胃消化吸收、排便不正常，導致便秘或是脹氣的情形，或是痔瘡，晚上也會經常性的上廁所，思考上嚴重缺乏決斷力，比較喜歡幻想，或做一些不切實際的事情。

以年老的長輩而言，長期居住在這樣的房子中，容易引起肺部感染、支氣管炎，很容易哮喘或是咳嗽，特別要注意保暖，如果是小孩，會隨著季節性的變化，常常感冒，在成長

平面缺西的房屋

發育的過程中，會顯得比同年齡的孩子要瘦小，也請盡量補充營養，身體有足夠的抗體，才不會經常跑醫院。

四、平面缺北的房屋

對家庭及家人的影響：

北方在易經卦象當中，代表第二個兒子的運勢，或是年齡16歲到30歲的男性，他的睡眠品質比較不好，讀書也不專心，容易有神經衰弱的病症，自然工作運不好，嚴重者甚至有找不到工作的窘境，婚姻宮也容易因為奉子之命而成婚，婚後又因為彼此的不信任而產生第三者，而使原本的婚姻出現嚴重瑕疵，甚至離婚。

平面缺北的房屋

在整體的家運當中，家人容易有不信任對方的情形，彼此會欺騙對方，父母與孩子更是如此，有時明明是出去玩，卻跟父母說是去看書，鄰居間的感情不睦，常常會有敵對的情形發生，有時也會為了停車的問題而吵架，為了討好別人，東家長西家短，是房屋缺乏北方的特色，使得自己的生活圈越來越小，當有事情發生的時候，找不到朋友或家人來幫忙。

對健康的影響：

北方對女性影響很大，它象徵穩固，也象徵午夜的意思，是一個屬於陰的方位，通常會跟血液循環脫離不了關係，所以手腳冰冷、月經不順、不孕、婦女病變，男生則有攝護腺肥大的問題，眼睛常常黑眼圈，腎臟功能不好，常常想要上廁所，身體容易疲倦，還有容易近視眼，無心處理自己的事物，常常家中一團亂，並非他不想整理，而是家中北方缺角，他會顯得心有餘而力不足，有時只是打掃了一下，就顯得疲憊不堪，另外請務必定期性的做健康檢查，像子宮肌瘤，或是乳房的

病變，不可不防。

五、平面缺東南的房屋

對家庭及家人的影響：

東南方在易經卦象當中，代表長女，或是年齡31歲到45歲的女性，如果缺了東南方，他的婚姻宮除了比較慢之外，也容易抱持獨身主義，思想方面比較叛逆，說話方式直接，不會考慮對方立場，感情不容易付出，甚至不婚。

家庭運來說，通常家人回家後就直接進入自己的房間，把家當成旅館般，也不會整理、清潔房間，只剩下母親一個人做，有時也容易追求物質享受，生活方面奢華而浪費，極可能為了一頓大餐，而一個禮拜吃泡麵，慾望無止盡，往往只會指揮

平面缺東南的房屋

別人做事，自己則不願意付出，住在此種房屋的朋友，無論男女，婚姻皆晚，他們在乎外表、美貌，注重外在一切，忽略實質上的需求，等到真要結婚時，才發現彼此可能沒有能力照顧對方，最後還是分手。

對健康的影響：

易經卦象中，東南方為巽卦，代表風、氣，也象徵一個人的精、氣、神，東南方缺角，精氣神自然變得比較弱，整天容易疲倦、眼睛無神，整個人看起來沒有朝氣，假日可能全家人都睡得很晚，也起不來，而且全家人都要注意流行性的問題，例如現在流行感冒，家人會輪流交替感染；流行結膜炎，或是急性腸胃炎，家人也會都跟著流行，也就是全家人的抵抗力很弱，這樣的家庭，建議在家中吃三餐，飲食注意衛生，家中保持乾淨，是保護全家人健康的不二法門。

六、平面缺西南的房屋

對家庭及家人的影響：

西南方在易經卦象當中，代表母親，也就是年齡45歲以上的女性，缺了西南，母親身體要多加注意，常常會有小病痛的狀況，不過也有些是父母離異，家中根本沒有女主人。通常在選購房屋當中，比較忌諱缺了西南方或是西北方，它分別代表了家中的女主人與男主人，如果一個房子少了男女主人，在整體的家運上會比較艱辛，單親家庭更不建議住此種房屋，家人的包容力會變少。

西南方也象徵滿足、積極之意，也代表女人對先生有很大的幫助，少了西南，女性非但無法幫助先生，還可能沒有原因的責罵先生，夫妻難有共同的理想，就連管教孩子都可能出

平面缺西南的房屋

七、平面缺東北的房屋

現教育觀念不同，而常常為小事吵架，未婚男女，更有女權高漲的傾向，難有真心的異性朋友出現，這種男女關係，通常最後不了了之而收場。

對健康的影響：

不論男女，看起來會比實際年齡大很多，皮膚沒有光澤、比較老氣，即使化了妝，也看不出年輕的氣息，做起事來也是慢慢的，不喜歡出遠門，如果有人找他們出去玩，他們通常會拒絕，生活好像缺少了活力，凡事提不起精神，腸胃消化不良，不是常常脹氣，就是常常拉肚子，有時你也會發現，他們家人的肚子比一般人大，像啤酒肚一樣，有時也容易出現肥胖的婦女，或是生理期常常不正常，或是皮膚暗沉、皮膚過敏、雀斑、皺紋很深，也容易有流行性感冒，最主要都跟西南方有關。

對家庭及家人的影響：

東北方在易經卦象當中，代表最小的兒子，也叫做少男，或是年齡16歲以下的男性，缺了此角，通常他對財務不懂規劃，也比較容易浪費，或是好吃懶做、不務正業，個性上也比較自我、跟父母的溝通不良。

整體的家運來說，東北方也象徵口角，家人除了溝通有障礙之外，全家人沒有向心力，大家都以金錢為導向，例如浴室天花板壞了，沒有人願意出錢修理，大家都不管，誰看不下去，或是誰比較有錢，才會拿錢出來。家人在工作上，也喜歡好逸惡勞的工作，不肯吃苦，因此會經常性的換工作，也會不切實際的想一步登天，大家都想當老闆，即使口袋空空，也會常有一些夢想，但通常是無法達到的。

對健康的影響：

東北方缺角，家人的筋骨都不好，容易有肩頸痠痛、風濕性的關節炎，手腳易

麻，膝蓋關節也容易出現退化，骨質疏鬆，或是跟骨頭有關的毛病，像容易腰痠、手臂舉不起來，一個小碰撞就可能骨折，或是瘀青不容易消退，還有鼻子方面的問題，以台灣的氣候來說，很容易出現過敏性鼻炎，經常性的流鼻涕、鼻竇炎，也跟東北方有關，面對這樣缺角的房屋，除了每天必須給自己一點時間，充分的做運動，不要給自己太大的壓力，充足的睡眠，還有多補充含鈣的食物，多喝牛奶，都是不錯的選擇。

八、平面缺西北的房屋

對家庭及家人的影響：

平面缺東北的房屋

西北方在易經卦象當中，代表父親，或是年齡45歲以上的男性，少了西北方，父親的小毛病比較多，如果不注意，慢性病將不斷產生，在家中也沒有權力，通常在教育孩子時，沒有威嚴，小孩不會聽他的，自然也比較容易叛逆，父親的事業難有發展，工作上常遇到挫折，做事也有始無終，賺的錢也不夠家中花費，身體又不好，也難得到子女的尊重。

整體的家運而言，缺了西北，容易產生決策上的錯誤，對自己沒有信心，但有時又極度自負，不容易接受別人的意見，一意孤行，例如，本來應該賣車還卡債的人，他可能重複再去刷卡借錢，而讓利息更高，最後連房子都可能被拍賣掉，如果是在做生意的朋友，比較容易喜歡凸顯自己的身分地位，卻忘了自己應該做些甚麼可以讓自己賺更多的錢。

平面缺西北的房屋

對健康的影響：

西北方，影響的多跟全身性的疾病有關，起先可能你只是發現睡眠不好，或是睡眠過程中多夢，早上起來頭老是昏沉沉的，一整天沒有精神，一直想睡覺，所有的慢性疾病皆跟睡眠有關，所以西北方主宰一切慢性疾病的發生，是慢性病的殺手，一旦發生了睡眠障礙時，必須馬上調整，另外脊椎容易側彎，穿著高跟鞋更是痛苦、無法久站，另外，也常容易覺得胸悶，呼吸像是上不來一樣，感覺有很大的壓迫感，其實是心肺功能比別人提早老化，多運動，是增進健康的不二法門。

◎問題Q&A

1・何謂缺角？

房屋是由四個面所組合而成，在整個房屋平面圖當中，凹進去的部分，超過單面長度的三分之一，稱為缺角。

2.何謂凸角?

凸出去的部分，超過單面長度的三分之一，稱為凸角，又稱為滿。

3.針對缺角提供解決方案：

〔解決方案一〕

準備現在新的五十元硬幣，共36枚，平均擺放在家中缺角的位置，例如缺角位置總長度為360公分，則平均10公分放置一枚，放置的位置在缺角的牆面上以雙面膠固定就可以了。

〔解決方案二〕

將新的五十元硬幣36枚，轉換成古帝錢，一樣的做法，就可以達到效果，古帝錢是經過人氣：曾經有人使用過；地氣：埋在土裡多年；天氣：經過了數百年的時間，結合日月之精華，也就是結合天人地之正氣，加上36天罡，自然達到補足缺角

的缺陷。

〔解決方案三〕

使用金字塔型的黑曜岩，在缺角的底端放置，也可以化解缺角所造成的困擾。

黑曜岩金字塔

古帝錢

五、風水實錄：
風水輪流轉，家裡財運為何沒有跟著來

這是一個至少居住在裡面八年以上的房屋建築，房子不大，父親是個建築包商，母親是傳統的家庭主婦，家中有兩男一女，原本父親手上有很多的案件，生意很好，自從搬進這個房屋之後，父親的訂單變少了，到最後連一個案件也沒有，現在就沒工作的閒賦在家中。

母親在不得已的情況下，也只好去打點零工增加收入，大哥則是工作一個換過一個，好像沒有一樣工作適合他，這麼多年下來，其中換了許多個老闆，就是沒辦法好好的長久待在同一個工作崗位上。

然而家中有一個人還比較幸運，那就是弟弟，退伍後就找到一個不錯的工作，

但是說也奇怪，每每遇到公司年度升遷調整或是加薪的時候，就沒他的份，而且還要被老闆唸說自己工作不力等等……到最後就是升遷無緣、加薪無望。

還有一個姐姐則在美髮業工作，美髮師做久了總不希望老是寄人籬下，想想自己的技術或是能力都不差，所以也想出來外面創業，自己就當起了老闆，沒想到，生意不好還不打緊，為了開店，負了一些債務，到現在也還在償還中。

看到以上的案例，到底原因何在？為什麼全家搬進這個房子後都不順利，真的是風水惹的禍嗎？我想怪東怪西，倒還不如更積極去面對未來，我們可以先從風水的角度來看問題點。

一、穿心煞：先來檢查他們家的大門，或是房間門，如果是以下的風水格局，那就要注意嘍！

如果大門或是房間門被樑直接從門框上方穿入，壓在門框上方與門成垂直，這

樣的風水煞氣我們稱為穿心煞，這就如同一把箭直接往人的心臟穿過。

在陽宅風水學上，這表示著也許曾有多次工作機會，而且看來錄取機會蠻大的，但每次都是等待通知，工作機會到最後總是被別人搶走；如果是自己當老闆的，訂單眼看就要到手了，沒想到半路殺出程咬金而單子被別人接走，最後訂單或案件一個一個的槓龜，自身的事業就會產生危機，這樣的問題不論在工作、事業上，失望老是比期望多，其實這不是只有您個人的問題！居住在家中的人，也會

直樑穿心

有類似的情形！

因此居住在這裡的人，久而久之因為事事不順遂，家中必定爭執不斷，而永不安寧！然而這家人的房子不但大門有穿心煞，而且房間門也是，他們也總覺得老天怎麼那麼不公平，為什麼總是事與願違而怨聲連連。

生活的角度：門就好比人一般，這就好像這個家裡的每一個人都被樑壓的喘不過氣來，這樣運勢又怎麼會開呢？

★化解方法：

如果樑穿的位置是大門，請在屋內樑下大門後方及另一端的地面放置約6～8公分左右的透明白水晶柱，如果是房間門遇到穿心煞，請在房間內的樑的兩端地面放置約6～8公分左右的白水晶柱就可以了，這樣的用意是將樑頂住，也代表有人可以幫您擔樑，當問題發生時，也表示會有人先幫您扛起的意思，台灣的房屋格局

較會有這種問題，我也曾經走訪新加坡及大陸，他們房屋格局上就通常會避開。

接下來我們要來看看這家人的房子還有什麼風水問題，但是在談之前我們先看看自己是否有下列情形呢？如果有，那就要趕緊需要做調整。

1.您是否覺得看不到前景，看不到未來！

2.您是否經常覺得入不敷出！錢財老是從您身旁溜走！

3.您是不是覺得您的一切好像別人都看在眼裡！

檢查一下大門入口的玄關處，或是開門就能幾乎看到屋內的一切，所謂開門看光光，錢財漏光光（開門見主臥，開門見廁，開門見灶），如果是這樣的風水格局到底會如何？所以玄關在這個問題上就扮演相當重要的角色了。

開門見主臥，開門見廁，開門見灶

二、玄關：我們先來看玄關的造型到底應該如何佈置才是最恰當，玄關是大門與客廳的緩衝區，它具有化煞防洩（漏財）的作用，還有美化的功能，因此玄關頂上的天花板宜高不宜低，且不可做太多的柵欄造型，或階梯造型，因為這樣具有強大的壓迫感，象徵著這家人備受壓迫，難有出頭。天花板高，玄關空氣流通舒暢，對家宅運氣也會有影響。大門玄關做法上必須高度高過門，寬度也要寬過門。

如圖，這家人又犯了風水禁忌，在入門玄關處上方天花板做成柵欄造型，難怪一家人都受困，有志難伸。

★化解方法：

1．不做太低的天花板。

2．如果已經形成，可以利用燈具照明，讓視覺上比較高，比較明亮。

3．如果是柵欄造型天花板，最好是把它封平或拆除。

玄關處天花板為柵欄造型

再來就是有許多人喜愛在玄關對面懸掛鏡子，但是我們要知道鏡面是不可以正對大門的，陽宅風水上鏡面直接對大門，這樣的問題容易造成居家內的成員容易與別人產生意見不合的情形，相對的人際關係也會不好，事業上的貴人就不會出現，可以說根本沒有未來可言。鏡面會容易讓人有產生錯覺的感覺，老覺得回家有人在偷窺自己的一舉一動，造成回家的第一個反應是不快樂、不安，也容易焦慮。

★化解方法：

將鏡面拆除移到沒有對到門的地方，或用布遮住，要用時再打開。

三、陽宅第一凶最忌穿堂風：從進大門一眼就可以看到前面的落地窗再看到外面，或是看到窗戶後再看到外面，在風水學上稱為穿堂風，穿堂風影響最大的是錢財方面不容易守住，住在這種房子的人是賺多少，花多少，沒有辦法存住

錢，而且自己可以賺多少錢早已被別人清
清楚楚的算計著，有時也容易相信別人做
出不當投資而破財，也暗示錢財早已外露
而不自覺，象徵著財來財去、財進財出、
入不敷出！

★化解方法：

在入門口處做一道玄關造型牆，牆的
大小必須比門寬，比門高，要化解穿堂風
的玄關造型絕對不可是玻璃，或可透光材
質，或做成柵欄木條型的，必須是實牆木
板才可以。

如果因為家中空間太小而無法做玄

穿堂風

關，那就必須在大門對到落地窗的位置，用厚實不透光的窗簾布遮住，遮住的範圍同樣必須比門寬，比門高，才能有效化解穿堂的問題。

四、另一種穿堂風的看法：大門直通後門～出走房

大門直通後門在陽宅學上形成氣直沖的煞氣，大門主要是管進出人員的地方，大門也象徵納財氣之口，前門直通後門造成錢財前進後出，所以代表收入可能才剛進來，但馬上就會有很多事項等著你支付，無法聚財氣。從生活的角度，風直接從前面穿透到後面，也象徵脾氣個性上會

大門直通後門

比較直接，也比較不會想要防備別人，前門直通後門通常會形成一個走道，像一個走廊，「走」代表流動性，可能居住在裡面的人比較不喜歡待在家裡，走也代表流動，錢財的流動將會很大。

★化解方法：

1・後門必須常關，並加一道長門簾。

2・做一道隔間牆，使得從大門看不到後門。

五、凹風煞：這種問題比較容易發生在一整區的舊式公寓中，或幾棟大樓夾雜著舊式的公寓，這種煞氣的形成主要是因為蓋房子時可能會留有一塊空地，大家就利用現有的空地亂蓋，形成一個凹槽，或是2排房屋後方的防火巷有人加蓋造成防火巷通風不良，在陽宅學上，形成凹風煞。

凹風煞主要影響是家人身體上容易有胸悶、不快樂、憂鬱的情形，也會影響人際關係，工作上容易受到排擠，也沒有機會可以換較好的工作，甚至對婚姻也會有所影響。

生活的角度：這片凹槽上有很多的雜物是我們無法清理的，還有空氣也比較不新鮮，每天看到外面就是別人的後陽台，尤其是睡在接近凹風煞的房間，其實根本不想開窗，久而久之，心情自然快樂不起來，也比較容易煩悶。

凹風煞

★化解方法：

如果可以的話，別人加蓋的屋頂要清理乾淨，並利用盆栽植物綠化，植物必須為闊葉植物，而且盆栽必須是單數為佳。

六、拱門：

看到以上的煞氣，想想這家人所遇到的問題還真不少，其實老師堪輿跑遍全台灣，很多房子的問題也是有比上述家庭還要多的，只是不要一朝被蛇咬，十年怕草繩，所以當我講完房屋內的問題後，這家的男主人就急著問說：面對他們家客廳外面的一棟建築物有拱門的造型，會不會對他們家造成影響？

拱門

其實面對拱門造型不會有影響，在古代來說多用於宮廷、廟宇，或者藝術建築，站在這裡我們看到的是一個藝術建築，也代表這裡具有比較大的文人氣息、書卷味濃厚的房子。在這裡是好的風水，但如果拱形太像墓碑，那就不好，會遭來莫名其妙的病痛。

最後，我要幫這家的風水做最後的檢查，打開他們家的大門，看看會遇到什麼問題。

開門見梯——大破財，意外血光之災

這個煞氣主要與財運有關，也有可能造成意外血光的煞氣。

開門直接面對向下樓梯，在陽宅學上會造成兩個問題，我們常說開門見下去的樓梯，大破財，導致財運節節拜退，也主血光，尤其是居住在裡面的女主人，可能

較容易造成子宮下腹部有開刀的現象。

生活的角度： 所謂水往低處流，其實氣也是會流往低處的，開門直接面對向下樓梯，金錢也會迅速流失的，另外一方面，走樓梯往下其實也較易發生跌倒的現象。

開門見梯

★化解方法：
需在門口地面放置紅色地墊，並在地墊下壓五帝錢。雖然化解方式已做，凡事還是要小心謹慎。

六、如何挑選一間好房子

買房子是人生一件大事，一個好房子，通常也是可遇不可求的，常有人問我，到底何種房子最適合我，或者是這個房子能住嗎？還是這個房子住下來會平安嗎？

一個好的房子必須擁有自己可以主導的格局，一個具有發展與激發創造思維的格局、大環境的變化，並非我們能夠主導，但小環境的住宅，卻可以透過風水的格局調整，以趨吉避凶的方式，達到我們想要的理想住宅環境。

到底該如何選一間好房子，使你找房子不再害怕？

好房子除了內部格局，外在環境也很重要

◎ 陽宅首重：外六事與內六事

外六事：山形，河川，廟宇，道路，橋樑，樹木

內六事：大門，客廳，神位，臥室，廚房，廁所

現在我們就從外六事來看起：

一、依地形環境看

1・看地形：在方方正正的地上蓋房子，三角形、刀形、梯形不宜

2・大斜坡不宜

3・狹長屋，比例長與寬超過二分之一不宜

4・地基太鬆軟不宜

5・地基以前是墳場、刑場、宮廟

二、依路面禁忌來看

1. 反弓路
2. 彎弓直箭路
3. 穿心路～路沖
4. 死巷路
5. 鐮刀路
6. 地面前高後低不宜，或左高右低，右高左低皆不宜
7. 前後皆路
8. 反弓水
9. 房子比路面低

地面前高後低

反弓路，剪刀口

三、看地氣

要看四周的植物、環境、居住的人。黃帝宅經：「地善，苗茂盛，宅吉，人興隆」。

四、看屋外形煞——不宜的形煞

1・高塔、電線、煙囱
2・房子外面有大石頭或障礙物
3・四周不宜有污水池
4・垃圾場
5・大型排水溝
6・墳墓

電線桿

7・房子在斜坡盡頭，最低點

8・不可正對橋樑

9・屋脊、尖角煞、壁刀煞、天斬煞

10・兩門相對

11・電線桿

12・一牆開2口門，一牆開2口窗

13・高架道路從房屋旁穿越

14・住宅前後有神壇或廟宇

15・鄰近醫院

16・門前有大樹

天斬煞

五、看不宜的房形

1 · 前寬後窄：事業有前好後不利的情形發生

2 · 四周不可以缺角

3 · 不可成為十字型或ㄇ字形或ㄩ字型

4 · 門前有破屋，或是長年無人居住的房子

5 · 門前雜草叢生

6 · 低於市價非常多的房子

7 · 太老舊沒有整理的房子

8 · 四周都沒有房子，孤聳屋

9 · 外牆爬滿了藤蔓

10 · 漏水年久失修的房子

11 · 外牆剝落

12 · 兩邊都是新大樓，房子在中間

破落屋

六、看內六事

19・內格局地面高高低低

20・客廳太小，房間太大

21・廁所太低

22・廚房太低

23・沒有後門的房子

24・房中有房

備註：

陽光、空氣、水，是人類生存不可或缺的基本條件，然而陽宅風水事實上也必須要相當重視陽光、空氣、水這三個重要因素，房屋居住起來才會健康、舒適，也才能進財。

接下來就一一說明陽光、空氣、水，到底對陽宅風水有什麼重要性？

一、陽光：光線對陽宅風水是相當重要的，光線的強弱、明暗、柔性與否，會影響居住在房屋裡面人的個性，首先客廳要亮，房間可暗，所謂光廳暗房，客廳代

表家中明堂，也是全家人聚集或招待客人的場所，客廳光線明亮，全家人向心力較夠，家人心性也較為開闊，如果客廳光線誨暗，我想不會有人想要待在客廳，相對的家人凝聚力就會較為薄弱，久而久之就會各自為政。

當然如果白天的客廳光線不足，也只能夠補強客廳燈光的部分，盡量將客廳的照明能夠打的明亮一點，但是還是完全無法彌補光線不足的缺點，所以房屋居住還是要選擇白天客廳光線明亮為優先，再來就是房間光線要暗，但是不要誤會，所謂暗房不代表完全沒有窗戶，昏暗無光，房間光線須適中，就是不能太亮也不能太暗。

其實現在很多新式建築強調戶戶採光良好，包括臥房的窗戶都開的相當大而且低，房間的光線都相當明亮且充足，其實這樣反而會造成睡眠品質不好的影響，另外陽宅風水忌腰部以下懸空，如果臥房的窗戶開的太大而且過低，腰部以下也是窗戶或透明玻璃，造成的影響會讓睡在裡面的人睡眠品質不好，沒有安全感，另外可

能容易造成小破財的現象，還有就是有可能會有病痛產生。

　　我想以前比較老式的公寓建築，房間的窗戶都開的相當適中，光線明暗也適中，腰部以下也不會透明。如果房窗戶開得太大，您就必須使用窗簾做適度的遮掩，而且窗簾的材質及厚度就要有所要求，盡量採用厚實不透光的材質，類似飯店旅館在使用的，另外針對腰部以下透明玻璃的部分，可用木板直接封住，或直接做一排矮櫃遮蓋即可。

居間內光線以適度為宜

臥房如果沒有對外窗戶或過暗，夫妻久睡會造成病痛，事業也會受到影響，如果是成長中的青少年，可能會造成個性上較無責任感的問題，如果是長期睡在這樣的房間到了適婚年齡，也容易會影響婚姻。

總之，居家風水光線明暗適中是相當重要的，太亮或太暗都不適宜。適當則足以助之，過之或不及則足以害之，不可不慎！

二、空氣：空氣對陽宅風水有何重要性？陽宅重藏風納氣，好的氣場對陽宅風水會有加分的效果，不好的氣場對陽宅風水會產生不良影響，那如何能有好的氣場呢？

1.平時就要保持通風良好，但是現在城市中居住擁擠，常常房房相連，一家烤肉萬家香，防火巷都很狹小，無形中會形成所謂的凹風煞，如果睡房外是這樣的風水煞氣，通常久睡在裡面的人，婚姻、人際關係都會受到影響，化解的辦法，需

在睡房窗台種植盆栽，以活化氣場，1～3盆為宜。如果盆栽壞死就必須要更換。

2・室內必須要保持乾淨整齊，以維持好的氣味，常常有人房間屋內零亂不堪，有時甚至於連走路或坐的地方都沒有，想想看，這樣氣要如何流通呢？氣如果不流通如何招財呢？這樣是會影響財運的。如果是房間內零亂，衣服亂丟，東西堆積如山，房間只有一半的床能睡覺，那麼此人理財有可能會有問題，也較易花用，這樣都是不聚財氣。最好的辦法就是將室內整理乾淨整齊，以利招財納氣。

3・室內有養寵物的朋友。也要注意寵物的清潔，如果沒有處理好也會產生不好的氣味，這樣也會間接影響你的財運喔！

保持良好通風，在陽宅風水亦是相當重要

4・冷氣是室內通風及涼爽的工具，但是使用不當或裝錯位置也可能讓您破財喔！床頭的正上方絕對不可是冷氣，床頭左右側方也不可裝冷氣，床尾正後方亦不可，因為這幾個位置都會當你在睡覺的時候冷氣直接吹到頭部，久而久之會有頭痛、精神不集中的現象，進而影響工作，招致破財。冷氣在臥室最好的位置是在床尾的左右兩側上方為最恰當。

總之，氣清則神清氣爽，氣順則無往不利，保持居家氣場良好是很重要的。

三、水：最後我們要來談到水，水對我們人體是很重要的一項物質，相同的水對陽宅風水的影響亦是相當重要的，水對陽宅風水是屬財，利用得當則容易招財，反之則會破財。

有很多朋友的住家跟河川或溪流或大排水溝很靠近，如果河川或溪流或大排水溝從您住家觀看是環抱的形狀，那麼則是很理想的地理，表財運良好，也較能聚

氣，進而旺財。但是如果為反弓，主容易有車禍意外血光，運勢也較會受到阻礙。

如果反弓水出現在住家後方，主子女較易反背也不太聽話。

水對財有相當的關係，所以需十分謹慎地來看待。

不論前反弓或後反弓，可使用山海鎮或凸面鏡來反制，所謂山管人丁水管財，

最後來教大家劫水財的方法，我想大家都希望財不要過門而不入，目前不論經

過您住家的河水或馬路（高架道路、高速公路），是從左至右或從右至左，請拿7

枚古帝錢（需開光），用紅線將7枚古錢縫在四方的黃布或黃巾上成北斗七星狀，

完成後將北斗七星的杓口面向水流來的方向或車流來向即可，如此就能將水財截

住。

希望不管是您住家內的水或住家外在得水都能幫您旺財又聚氣。

七、財位、文昌、桃花的喜忌

一般來說，房子的財位是在大門入口的對角線，但是欲求財運亨通，風水強調，必須生旺財位，以求家肥屋潤，以下幾點不可不注意。

◎ 財位最忌諱以下十項

一、財位在廁所：

財位怕污穢與臭氣，如果流年財位在廁所，它將變得一無所用，也象徵財位受到了污染，非但不能招來財富，還要注意可能的破財，也象徵每用一次洗手間，財就損耗一次。

★化解方法：

將浴室改成乾濕分離，通風良好，並保持乾燥清潔，在洗手台或水箱上面擺放

三顆黃玉石，或土種闊葉植物即可。

土種黃金葛

黃玉石

二、財位髒亂不堪：不可以放掃把、垃圾桶，有些人財位正好在房間，可惜的是堆了一堆雜亂無章陳年不穿的衣物，那麼也象徵此人不會理財，甚至可能省吃儉用很久，卻因為一件突發的事件，使得瞬間失財。

整理乾淨，並擺設聚寶盆。

三、財位沒有光線：財本來就是應該要生生不息、源源不絕的，因此明亮自然生氣勃勃，如果沒有光線，就顯得死氣沉沉，光線不僅是財位需要而已，我們之前就討論過光線的重要性，光線進不來，財神爺自然也就進不來了。

★化解方法：

增加照明，可選擇日光燈。

四、財位無靠：財位後面若是空，或是玻璃隔間，或是窗戶，都是沒有靠山，且容易犯小人的意思，往往容易支出大筆的金錢，因此財位必須要有實牆為靠山，才可以藏風納氣，累積財富。

以櫃子遮擋，若是窗戶可用窗簾布。

五、財位被大樑壓到：

風水學上，很多禁忌都跟樑有關，以目前的建築物，房內不可能沒有樑，一般來說，財位如果是被20公分左右的樑壓到，是可以接受的，但如果是大於20公分以上的樑，我們就稱之為大樑，財位受壓，象徵此人賺錢辛苦，必須委曲求全才可以賺到錢財，或是被錢財壓得喘不過氣來。

在樑的兩側放水晶柱，象徵有人幫您擔樑，在財位上擺放麒麟，用以招財。

六、財位被尖角對到：如果您家的財位被一個大櫃子的角直接沖煞，那是會影響錢財的，對業務上來說，可能每每快談成的案子，會臨時出現問題，而功虧一簣。

★化解方法：

將櫃子移開，如果無法移開，則必須在財位上擺放水晶圓球，用以化解此利角所帶來的傷害。

七、並不是每一個財位都可以擺水的：有的人很喜歡在財位擺上一個風水滾輪，或是魚缸，認為可以催動財運，事實上，水本身就是財，不當的擺放可會損失錢財的，因此不可不慎。

八、財位在樓梯：財宜靜不宜動，如果財位正好是樓梯，容易財來財去，財進財出，也容易有入不敷出的現象。

財位、文昌、桃花的喜忌　　**74**

★化解方法：

樓梯乾淨、整齊，樓梯間擺放水晶洞或銅麒麟。

九、財位在大門口：門口人員是進進出出的地方，財位如果在大門口，不僅事業會往下走，連借出去的錢，可能都要不回來。

★化解方法：

將紅地墊放在大門口，並在紅地墊下壓五帝錢。

十、財位在窗口或缺角處：象徵沒有財富，即使賺再多的錢都將留不住。

★化解方法：

窗戶以窗簾遮住。

◎ 財位最喜歡下列四項

一、財位最好在臥房：

財不宜露白，如果財位在房間，又是在主臥房，那麼對財運來說，會有很大的助益，因為人的一生當中至少有三分之一的時間，是在睡房的，日積月累下來，財運自然亨通。

二、財位可以放什麼：

財位可以放有生氣的植物，必須是大葉、圓葉的，代表生生不息，也可以放聚寶盆，或是存錢筒，象徵累積財富，或是自己最心愛的物品，或是招財的吉祥物品。

聚寶盆

財位

三、財位也可以在客廳：財位，顧名思義，是全家人財氣所聚的方位，如果是在客廳，又正好是沙發上，全家人在看電視、聊天休息的同時，便可以沾染到財氣，使全家人的財運更旺。

四、財位也可以在廚房：廚房在古代來說，就是財庫，因此也喜歡在廚房，只是廚房是女主人的地方，因此建議，女主人管理錢財，或是要用錢時，可以多跟女主人商量，她可以給您不錯的意見。

◎ 文昌位的喜忌

除了關心全家的財富之外，孩子會不會讀書、會不會考上好的學校，通常父母們也會注意書房的擺設，或是書桌的位置，以便使子女們可以專心唸書，考試名列前茅，而風水上如果文昌位位在書房或正好是書桌的位置，那麼就會是一個非常理

◎ 個人文昌位怎麼看

想的佈局。到底文昌位是什麼？

風水上文昌位可以使家人的學業與事業受到幫助，文昌是代表智慧、判斷力與分析力的組合，同時也代表考運、升官與功名，又稱為文曲星，它可以使人目標更明確、謀事如意。很多人只以為文昌是孩子求學唸書的方位，其實它對一個人事業可否成功，也有很大的影響力。萬一流年文昌的位置不好，個人文昌位就是考量的重點。

文昌代表功名、智慧、判斷力

個人文昌通常以四柱八字中，年柱的天干為主，例如：51年次，年柱為壬寅年，壬的文昌就是為東北方，有時並不知自己的年柱是什麼，這時我們也可以利用年次的個位數，來看文昌位，兩者是相同的。

年柱天干	年次個位數	文昌位
辛	0	北方
壬	1	東北方
癸	2	東方
甲	3	東南方
乙	4	南方
丙	5	西南方
丁	6	西方

◎ 文昌位與書桌最忌諱以下五項

戊	7	西南方
己	8	西方
庚	9	西北方

一、文昌位在樓梯：文昌與財位相同，最怕在動線上，代表孩子一下子考得不錯，一下子考得很糟，學習力不穩定，有時也坐不住，也代表升遷常常容易有變數，本來可以調職到不錯的職位，卻因外力因素而造成變化。

★化解方法：

在樓梯間放置紫水晶洞與麒麟八卦，用於鎮住文昌。

二、文昌在廁所：文昌不可以被污穢，文昌星是專門管理天下人的功名利
祿，一旦被污穢，容易下錯誤的判斷與決定，做事情常常容易出錯，升遷與考試自
然也不理想，因此文昌在廁所，凡事要多跟家人討論，讀書也要比別人更用心。

★化解方法：

廁所保持乾淨，在馬桶水箱上面放上土種黃金葛或三顆黃玉石。

三、書桌上方有大樑：書桌上方正好有大樑，通常在書桌上坐不久，而且
長期坐下來，脾氣個性都會變得急躁與不可理喻，因此書桌上方不宜有大樑。

★化解方法：

以大型白水晶簇擺在書桌上。

四、書桌背後是門：書桌正後方若為門，孩子比較不專心唸書，民俗上也

認為這是嚴重犯小人的位置，如果在公司有人背叛，也可以檢查一下居家的書桌。

★化解方法：

移位。

五、座位後方是尖角：如果座位後方是尖角，通常要注意筋骨腰椎的問題。

六、書桌不宜背窗或靠窗：書桌太靠近窗戶，容易使人分心，注意力不集中，也會造成記憶力不足的現象。

★化解方法：

移位。

書桌不宜面窗

◎ 文昌最喜歡什麼

一、文昌位正好在書房：讀書好，反應快，謀職順利。

二、文昌可以在客廳：當事情必須做決定時，可以全家人在客廳討論。

三、文昌喜歡什麼？如果已經知道自己的文昌位或流年文昌位，可以在那裡擺上四枝文昌筆，或紫水晶，或是四棵開運竹。

四、可以去文昌廟拜拜：準備蔥、豆干、芹菜、蒜、粽子、桂花，記得都必須綁上紅紙，拜完回來後，炒給孩子與家人吃，蔥代表聰明，豆干代表官位，芹菜代表聰明，粽子代表包中，蒜代表會算術，桂花代表貴氣。

◎ 桃花位的喜忌

有人到了適婚年齡，苦無對象，到處去求神問卜，也沒有任何的結果，有人一直在談戀愛，卻老是碰不到理想的對象，也沒有辦法結婚，桃花位到底要如何佈局，才能找到好姻緣，一輩子常相廝守。

生肖	桃花位
猴、鼠、龍	西方
豬、兔、羊	北方
虎、馬、狗	東方
蛇、雞、牛	南方

◎ 桃花位最忌諱以下五項

一、桃花位在廁所：

如果流年桃花在廁所，那麼可不要強求好姻緣會出現，除了常常遇到不好的桃花之外，也要注意容易被劫財劫色，但如果兩個桃花位都在廁所，建議此年不要求姻緣。

★化解方法：

廁所保持乾淨，可以利用個人桃花位來招桃花。

二、桃花位在走道或是樓梯間：

桃花常曇花一現，或是沒有姻緣出現。

桃花位忌在廁所

在樓梯間或走道擺粉紅水晶七星陣。

三、桃花位擺上假花或乾燥花，或爬藤類植物，甚至是有刺的花朵：男人容易虛情假意，女人感情也不真實，除了多次引來爛桃花之外，看似真感情，都有可能是虛歡一場，因此千萬不可以放假花。

★化解方法：

將假花移開，可以放鮮花。

桃花位忌擺放假花

◎ 桃花位最喜歡什麼，又該如何招桃花呢？

一、招桃花姻緣的方法

所需物品：

1・36顆粉晶

2・新鮮玫瑰花12朵

3・透明花瓶一個

4・玻璃盤一個

5・紅豆、花豆、綠豆、黑豆、黃豆各8顆

做法：

1・將36顆粉晶放在透明花瓶內

2・插上12朵新鮮玫瑰花

3・將裝好的花瓶放在玻璃盤上

4・並在玻璃盤兩側放紅豆、花豆、綠豆、黑豆、黃豆各8顆

擺放地點：

流年桃花位，或個人桃花位。

二、中國人有3大節日可以針對女人求姻緣，分別是正月初一、正月15日、八月中秋，這三天最有效，記得要身穿紅色或桃紅色的上衣，出門前要帶一個紅包袋，紅包袋內寫下心中理想對象的條件，往當天的喜神方向走，至少走五百步，或是往那個地方去玩，心中要冥想，祈求老天爺賜給我好的姻緣，這樣都比較容易出現，就算當天沒找到，在祈求起一年內，都會有機會出現。

三、桃花位的四個角落內放4朵玫瑰花，每個角落一朵，一星期換一次鮮花，要把玫瑰花刺拔掉，直到好姻緣出現，就不可以再放，否則姻緣會變成爛桃花。

八、如何找出家中的流年財位

每年一到過年前，都會有很多人想知道，今年的財位在哪裡，該如何佈局使我的財務更旺，事業蒸蒸日上，甚至考運如何求。以下有未來十年的九大吉凶方位，但首先要了解，玄空三元之九宮飛星。玄空，從字面上的解釋，是深奧不易理解的天空，事實上也是，即使是現在時事講求科學的年代，還是有一些人難以理解的風水奧妙。

玄空飛星，又稱紫白飛星，或九宮飛泊，它的原理是以宅基座山入中宮順飛，因此去年的流年文昌位，今年可能變成了病符位，去年的流年桃花位，也有可能是今年的財位，如果想知道每年如何佈局，就得知道不同方位與九星的吉凶。

九星所屬如下：

一、一白坎：屬水，管壬子癸三位，位北方，也代表中男。

一白為桃花位，如果是經營事業的人，在人際關係上可以利用它來加強；招好姻緣的朋友，或是使自己的人緣更好，可以加強此方位的能量。它也代表包容與柔順，且必須盡心盡力才能達到，如果情感上處理得不好，已婚者容易有外遇的機會，未婚者，也容易因第三者而出現感情危機。

好的影響：出現文人、醫學士、心胸寬大的人。

不好的影響：桃花不斷，外遇，腎臟病，耳聾，膀胱不好，不孕症，月經不順，有盜賊，愛喝酒的人士。

二、二黑坤：屬土，管未坤申三位，位西南方，也代表母親。

二黑是一個病符星，也是一個勞動的方位，多勞才會有斬獲，也必須隨著環境的轉變而改變自己的方式與策略，通常也只能宜退保安，但如果不積極面對，是沒

有任何斬獲的，此方位不建議大幅度的變動，如果家中有人生病，或是經常性的感冒，也可以在此方位佈局。

好的影響：有祖德的庇蔭，出富貴之人，有田宅。

不好的影響：車禍，意外，腫瘤，腸胃不適，單親家庭，牢獄之災。

三、三碧震：屬木，管甲卯乙三位，在東方，也代表長男。

三碧「是非星」，是非也代表口角，人與人相處的情形，容易跟別人起衝突，也會有因為受人欺騙而引發的破財，如果想要避免與人產生口角，或是遭小人陷害，或是家中常吵架，那麼建議此方位可化解是非事。

好的影響：工作運升遷快速，白手成家之人。

不好的影響：暴力傾向的人，膽結石，肝病，跌倒受傷骨折，常做惡夢的人。

四、四綠巽：

屬木，管辰巳三位，位東南方，也代表長女。

四綠文昌星有助於考運或工作上的升遷，如果佈置得當，除了考運亨通之外，也可以在學業上高人一等，因此，此方位不宜髒亂，可以在此方位放置四枝文昌筆，或紫水晶，或是四顆開運竹也可以，如果正好為廁所，那麼請盡量保持廁所乾淨，通風良好，可以在廁所內放置黃玉石，以避免污穢文昌。

好的影響：出現藝文人士，也容易得功名。

不好的影響：肝膽不好，四肢冰冷，吸毒人士，自殺，乳癌，腳氣病，風濕性疾病。

擺放開運竹開運

五、五黃：屬土，用以調和四方，在中央。

五黃煞方是一個大的煞方，當流年遇到煞方時，並不適合在此方位動土，也不適合施工，如果真的不得已必須施工，除了選擇良辰吉時之外，在此煞方也必須安放銅麒麟來鎮煞，另外它也是一個疾病與災難的位置，要注意心臟、腎功能之不適應，還有飲食衛生、呼吸系統。

不好的影響：食物中毒，體力耗弱，流產，甲狀腺機能亢進，意外，交通事故，通常跟壓力有關的疾病。

六、六白乾：屬金，管戌乾亥三位，位西北方，也代表父親。

六白武曲星，也是驛馬位，特別是想要移民、搬家、出國深造，或是想要轉換工作跑道的人，都可以在此方位好好的佈局。它也代表權力，此方位要懂得新技術、新方式，還有人際關係的影響，如果您是在不錯的職位，更會使您權力增加。

好的影響：出現官職人員，有權力的人。

不好的影響：破財，男丁不旺，頭痛，牙齒痛，肺病，氣喘。

七、七赤兌：屬金，管庚酉辛三位，位西方，也代表少女。

七赤破軍星方，破軍星是一個會令人損財、破財的方位，也是一個容易引發小偷或是牢獄之災的方位，因此此方位不可不防。這種組合不會帶來新的事業，而且會使人在原來的工作或人事關係出現不良的影響，凡事宜多忍讓，慎防小人是非，而損失意外的錢財。

好的影響：出現武人，議員，醫生，老師。

不好的影響：喉嚨痛，是非事，肺病，刀傷，咬傷，訴訟。

八、八白艮：屬土，管丑艮寅三位，位東北方，也代表少男。

八白旺財星，是主旺財的方位，特別是經商者，或是平常財運不穩的人，或是一些領日薪的人，如果想要讓自己的財運更穩，可以在此方位好好佈局，另外貴人也會適時的出現，也會有新的工作機會等著你。

好的影響：有田宅，長壽，富貴。

不好的影響：脊椎不好，神經的病變，鼻子不好，過敏性鼻炎，手指不好。

九、九紫離：屬火，管丙午丁三位，位南方，也代表中女。

九紫是一個喜慶位，各種喜慶，尤其是想要嫁娶或生兒育女，都可以用它來催旺，或是原本平淡無奇的經營，會因為外在環境的改變，而提升新的商機，尤其是要開發新事物，可以擴大，如果沒有也沒有關係，可以使家庭的氣氛更加融洽，在此方位盡量佈置。

好的影響：發財，長壽，富貴。

不好的影響：心臟病，不孕，小腸不好，女性生產要注意。

另外何謂三煞方與太歲方，說明如下：

三煞通常指的是**劫煞**，也就是災難的意思，風水上也提到，「三煞可向不可座」，三煞就是相對相剋者，例如：水剋火，寅午戌對亥子丑，視為相互迎戰，必然不利，如果房屋座向為三煞方，除了不建議動土之外，也不宜安神，凡流年三煞之方，均屬不吉。

太歲：風水上也說，在太歲頭上動土，無福可有禍，犯沖太歲方位，也必須小心。

戊子年的九宮飛星圖（民國97年）

東南 9 九紫喜慶星	三煞 正南 5 五黃煞方	西南 7 七赤破軍星
正東 8 八白旺財星	中宮 1 一白桃花星	正西 3 三碧是非星
東北 4 四綠文昌星	太歲 正北 6 六白武曲星	西北 2 二黑病星

戊子年九大吉凶方位擺放物品示意圖

東南 盆栽 紅色燈	正南 銅麒麟 葫蘆	西南 黑曜岩 桃木劍
正東 聚寶盆 魚缸	中宮 八朵玫瑰花 粉水晶	正西 九朵玫瑰 紅色燈
東北 4隻文昌筆 4枝開運竹	正北 銅馬 黃色琉璃獅咬劍	西北 銅麒麟 葫蘆

以下是未來六年的九宮飛星吉凶示意圖，供大家做參考：

己丑年九宮飛星圖（民國98年）

東南 8 八白旺財星	正南 4 四綠文昌星	西南 6 六白武曲星
三煞正東 7 七赤破軍星	中宮 9 九紫喜慶星	正西 2 二黑病星
太歲東北 3 三碧是非星	正北 5 五黃煞星	西北 1 一白桃花星

己丑年九大吉凶方位擺放物品示意圖

東南 聚寶盆 金元寶	正南 4隻文昌筆 4枝開運竹	西南 銅馬 黃色琉璃獅咬劍
正東 黑曜岩 桃木劍	中宮 紅色燈具	正西 銅麒麟 葫蘆
東北 九朵玫瑰 紅色燈	正北 銅麒麟 葫蘆	西北 八朵玫瑰花 粉水晶

庚寅年九宮飛星圖（民國99年）

東南 7 七赤破軍星	正南 3 三碧是非星	西南 5 五黃煞星
正東 6 六白武曲星	中宮 8 八白旺財星	正西 1 一白桃花星
太歲東北 2 二黑病星	三煞正北 4 四綠文昌星	西北 9 九紫喜慶星

庚寅年九大吉凶方位擺設示意圖

東南 黑曜岩 桃木劍	正南 九朵玫瑰 紅色燈	西南 銅麒麟 葫蘆
正東 銅馬 黃色琉璃獅咬劍	中宮 聚寶盆 金元寶	正西 八朵玫瑰 粉水晶
東北 銅麒麟 葫蘆	正北 4隻文昌筆 4枝開運竹	西北 闊葉植物

辛卯年九宮飛星圖（民國100年）

東南 6 六白武曲星	正南 2 二黑病星	西南 4 四綠文昌星
太歲正東 5 五黃煞星	中宮 7 七赤破軍星	三煞正西 9 九紫喜慶星
東北 1 一白桃花星	正北 3 三碧是非星	西北 8 八白旺財星

辛卯年九大吉凶方位擺設示意圖

東南 銅馬 黃色琉璃	正南 銅麒麟 葫蘆	西南 4隻文昌筆 4枝開運竹
正東 銅麒麟 葫蘆	中宮 黑曜岩 桃木劍	正西 闊葉植物 紅色燈
東北 八朵玫瑰花 粉水晶	正北 九朵玫瑰 紅色燈	西北 聚寶盆 金元寶

壬辰年九宮飛星圖（民國101年）

太歲東南 5 五黃煞星	三煞正南 1 一白桃花星	西南 3 三碧是非星
正東 4 四綠文昌星	中宮 6 六白武曲星	正西 8 八白旺財星
東北 9 九紫喜慶星	正北 2 二黑病星	西北 7 七赤破軍星

壬辰年九大吉凶方位擺設示意圖

東南 銅麒麟 葫蘆	正南 八朵玫瑰花 粉水晶	西南 九朵玫瑰 紅色燈
正東 4隻文昌筆 4枝開運竹	中宮 銅馬 黃色琉璃獅	正西 聚寶盆
東北 闊葉植物 紅色燈	正北 銅麒麟 葫蘆	西北 黑曜岩 桃木劍

癸巳年九宮飛星圖（民國102年）

太歲東南 4 四綠文昌星	正南 9 九紫喜慶星	西南 2 二黑病星
三煞正東 3 三碧是非星	中宮 5 五黃煞星	正西 7 七赤破軍星
東北 8 八白旺財星	正北 1 一白桃花星	西北 6 六白武曲星

癸巳年九大吉凶方位擺設示意圖

東南 4隻文昌筆 4枝開運竹	正南 盆栽 紅色燈	西南 銅麒麟 葫蘆
正東 九朵玫瑰 紅色燈	中宮 銅麒麟 葫蘆	正西 黑曜岩 桃木劍
東北 聚寶盆 金元寶	正北 八朵玫瑰花 粉水晶	西北 銅馬 黃色琉璃獅

九、風水實錄：病痛不斷的房屋，風水如何看

這間房子的女主人李太太，不知暗中掉過多少淚水，只因為女兒得了一種罕見疾病，肌肉不斷萎縮無力，全身沒有任何支撐點，就像沒了骨頭，凡事都需要別人的幫忙，這種疾病，沒有任何的藥物可以治療，只能隨著時間看著她接受病痛的折磨，而李太太長年必須洗腎，李先生的心臟也經常感到無力，從風水上，我們可以幫她什麼？她又可以改善什麼？我們就來看以下的問題：

一、家中光線不足：家道中落

李太太家位於一樓，是一個狹長型的房屋，因為孩子越來越大，房間不夠睡，她將前面的院子、後面的防火巷，全部都加蓋起來，房間就變多了，卻破壞了三種

風水。首先，一樓陽光本來就比較弱，如果前後都加蓋，陽光進不來室內，會有一種分不清白天與黑夜的感覺，永遠睡不飽，陽宅風水當中，房屋首重陽光與藏風納氣，陽光進不來，醫生就跟著來，這個問題通常會隱藏在一樓的房子當中，會使人有無力感、比較容易累，也會讓人提不起勁，而諸事不順的風水煞氣。

科學的角度：陽光本身就有殺菌的功能，房屋本身沒有接受到陽光的照射，容易有穢氣、細菌在屋內，也容易濕氣重，房屋通風循環不好，自然容易生病，如果天氣不好陰雨連綿，那房屋的濕氣重，就會覺得懶洋洋。

★化解方法：

1．保持通風及除溼，用一對麒麟化解。

2・八卦陣鎮宅法：針對地氣比較濕，家人當中有病痛或無力感時可以適用，準備下列物品（但不可面對神明）：八卦陣圖、8個古錢、手結蓮花手印。

3・唸六字大明咒，消除四百零四種疾病：嗡字，能消除四大共同引發之疾病；嘛字，能消除熱病；呢字，能消除風病；叭字，能消除涎病；美字，能消除寒病；吽字，能消除膽病；如是能遣除一切疾病。

每天唸49遍，唸完之後放在客廳明財位上，連續49天。

二、前院後院都蓋滿

前陽台在風水學視為明堂，明堂要寬廣開闊，家中男女主人的財運會源源不絕，如果整個蓋滿或外推，工作運會大不如從前，後陽台在風水學上也代表子孫的發展，後陽台蓋滿或外推，子女除了在學業與事業上容易受阻之外，也不喜歡住在屋內，常常會往外跑。

生活的角度：房子前面蓋滿或外推，就房屋的結構就是不安全，一樓蓋滿，汽機車排放的廢氣，直接往房子裡飄，心情也會大受影響，後陽台蓋滿或外推會造成防火巷道狹窄，也會造成通風不良遮蔽光線，尤其是靠近後陽台的房間更是不見天日，通常這樣的房間都是小孩房，易造成其個性上懶散。

★化解方法：

必須用36枚的古帝錢，平均貼放在外推的牆面下方。

三、包袱屋：負債的開始

事實上房屋除了一樓不宜前後蓋滿之外，二樓以上也不宜將陽台蓋滿，透天的建築更不可以將屋頂加蓋起來，陽宅學上只要不屬於房屋結構體本身，加蓋的部分，都屬於包袱屋的一種，它是一種與錢財有關的煞氣，剛開始可能會財運比較不穩定，可是到後來卻有入不敷出的情況，嚴重者還會導致負債。

生活的角度：人的身體本來功能就很正常，如果身上長了腫瘤或膿包，可能你就要花錢看醫生了，包袱就像這個大膿包會一直漫延開來，久而久之就比較容易花大錢，或者這樣說好了，一個人如果長期揹負著重重的背包，長期下來一定出問題。

★化解方法：

必須用36枚的古帝錢，平均擺放在加蓋的4個角落。

四、斜樑，歪柱

現在各個區域，都有一些大型的公共建設，好比捷運施工，有時如果施工不慎，我們的房子可能

包袱屋

包袱屋

就遭殃，不是門窗歪斜，就是樑柱傾斜，但上述這家人的房子不太一樣，是從一開始在蓋房子時，房屋的設計就是斜樑，整個房子至少有4～5根以上，一般來說房子如果有地板不平或門框不正、牆有裂痕、大樑扭曲變形的現象，而造成意外血光不斷，斜與邪同音，也是不吉之意。

或者柱子不正、樑柱歪斜，在陽宅學上都是不宜久住的房子，斜樑斜牆都主怪事發生，通常久住在此的人比較沒有安全感，頭腦思緒也會較不清晰，嚴重的會有頭暈

歪柱

生活的角度：房子跟人一樣，都會有一定的壽命，樑柱就像人的骨架一樣，如果歪斜，沒有辦法支撐人體，可能搬個小東西都容易跌倒，如果骨架歪斜，地板不平，也代表不健康，樑柱歪斜也代表房子本身施工品質不良，或偷工減料，比較容

易會有坍塌的危險。

★化解方法：

葫蘆：葫蘆本身是一種植物，因此天然的法器會比較理想，效果也比較好，不宜使用銅製品。瓶口小瓶身大，上面有蓋子，可以到保身大帝求香灰，放在葫蘆的肚子裡，並且在主爐過香火，回來之後放在樑與天花板的頂點，兩側均得掛。

五、房中腰斬煞

一個房間中間有一根橫樑，正好在房間的中心點，就是所謂的房中腰斬煞，如果這根樑又正好是從外面貫穿到裡面，風水的影響，主要是跟莫名的病痛血光有

葫蘆

關，而且有可能會發生腫瘤的機率也比較高，屋中的女兒正好就住在這個房間裡，由於事情已經發生很久了，我建議她搬到其他房間睡，這個房間比較適合當書房。

生活的角度：如果房間當作是一個人，中間有一根針直接穿到你的腰部，我想會令人難受得站不起來，更何況是你每天都與這個針在一起，自然吃藥的機會比別人多很多。

★化解方法：

葫蘆：掛在樑上兩側。

六、瓦斯爐火與洗衣機正對

如果您家的瓦斯爐正好與後門相對，這時可要注意，洗衣機擺放的位置了，爐

房中腰斬煞

灶—火，洗衣機—水，通常水火不可以相對，

相對影響除了產生意外之外，一些慢性病也容

易發生，在陽宅學上形成水火不相容的情況，

主心臟血管與泌尿系統的毛病。爐灶也不可對

水槽或與水槽相鄰，須相隔至少60公分以上，

爐灶也不可正對冰箱。

生活的角度：火在燃燒的時候，水一澆火

就熄滅，廚房是煮飯給全家人吃的地方，火是

不可以被水澆熄的，一旦熄滅，全家人的健康就容易出問題。

★化解方法：

移開或洗衣機的開口轉向。

水火沖

七、臥房被兩間衛浴包圍：主病痛、腎臟病變

如果一個房間一邊是公共衛浴，另一邊是主臥房的衛浴，那麼這個房間在風水中為病痛房，尤其是在腎臟方面影響最大，陽宅風水，任何濕氣太重，或牆壁被多重管線圍繞，均不理想。

生活的角度：此房屋在一樓，濕氣本來就比一般房屋來的重，房間兩側又是廁所，濕氣更不易排除。

★化解方法：

必須將主臥的廁所改成儲藏室，病痛問題即可化解。

八、臥房燈照在床上

床的上方不宜有主燈，燈照到哪裡，就傷哪裡，民俗上燈光也跟風水有關，燈如果在床頭上方，睡在下面的人，容易頭疼、睡不安穩，如果在胸口，會常胸悶、

呼吸不順暢，如果在腹部，要注意婦科與腸胃的疾病，如果在下肢，那麼膝蓋關節處，都是該注意的地方。

★化解方法：

將燈移到床墊的外圍即可。

九、房間緊鄰廚房，且窗戶一開又在廚房室內

當後陽台一旦外推，而將後陽台變成廚房，可能造成房間變成緊靠廚房，而且對外的窗戶變成對廚房的窗戶，廚房的火性能量強，比較燥熱，而且通風不良，空氣不流通，將對睡眠品質產生干擾，皮膚病變、呼吸道不好，住在裡面的人，脾氣性格差暴燥易怒，而且也不喜歡待在房間裡。

生活的角度：廚房的油煙味因為沒有辦法抽出去，這個油煙味會隨著空氣而直

燈直接照床

接進入房間裡面，久了所有的物品都會有一股味道，油煙也容易附著在衣服上面，皮膚狀況自然不好，心情也會變得急躁。

盡量保持房間通風良好。可以的話可在廚房適當處，擺放盆栽以活化氣場。

十、陰氣侵宅屋

陽者：陽光所帶來的氣；陰者：沒有陽光，變成陽氣衰而陰氣盛；房屋本身要陰陽調和，才能平衡，否則就形成陰氣侵宅屋。主要的影響是家人當中有人會有莫名的病痛，會胡思亂想，有時會覺得家中有影子閃過，有時候會找不到東西，有人會日夜顛倒，嚴重者將可能產生精神方面的疾病。

生活的角度：陽光本身就有殺菌的功能，房屋本身沒有接受到陽光的照射，容易有穢氣、細菌在屋內，也容易濕氣重，房屋通風循環不好，自然容易生病。

保持通風及除溼，用一對麒麟化解。

十一、主臥房外在有屋脊煞：主腎臟、糖尿病、腎臟功能出問題

這個風水問題常常碰到，可是從來沒有見過這麼直接、這麼嚴重的，會使家中有人出現腎臟病，胰臟代謝不良，還有糖尿病的風水煞氣。

屋脊煞：住宅當中只要出現前後左右被屋脊對到，都會出現病變，因為它出現在母親的房間裡，跟母親是最直接的，但其他住在這裡的人，也要小心，可能家人當中也容易產生腎臟疾病、糖尿病。

生活的角度：一個人長期被尖銳的物品刺在腰

屋脊煞

際上，身體一定不理想。

★化解方法：

將碗內及碗外的底部，貼上10元硬幣大小的紅紙，並將其倒扣在屋脊處的窗台即可。

十二、廚房爐灶與馬桶正對：腸胃病變、家人當中很瘦或很胖的人

接下來我們從風水來看有的人喝水也會胖、有的人卻骨瘦如柴的煞氣。廚房爐灶與馬桶正對，在陽宅風水學上必出腸胃消化吸收不良的人，主要因為爐灶是煮飯的地方，廁所是排洩廢物的地方，吃跟拉在一起，消化循環必然不良。

生活的角度：廚房物品煮食皆為香氣，廁所為臭氣，香氣與臭氣混合，好吃可能吃很多，不想吃則一點胃口也沒有，降低食慾。

廚房對馬桶

用長布簾掛於廁所門框，長度必須過馬桶，而且是單片開的。

十三、陰陽梯

精神方面的疾病通常不是一種原因所構成，我們要看另一個更可怕的煞氣，將可能造成家中有人可能有強迫症或精神分裂症。例如有些中南部的透天房子，後方加蓋後又蓋了樓梯，這樣原來屋子前方本來就有樓梯，現在房子後方又多了一個樓梯，這樣也會形成陰陽梯。

陰陽梯：通往地下室的樓梯，正常來說應該只有一個，可是我們卻看到地下室有兩個樓梯，可以通往房子的不同空間，一個在左，一個在右，在陽宅風水學上形成陰陽梯，其實一前一後，也會形成陰陽梯。主要的影響是家中比較容易有人跟一般人行為不一樣，比如說：會一直洗手，相同的事情會一直做，好像沒有做完一

樣，嚴重者將造成精神分裂症。

生活的角度：正常任何一個空間，樓梯都只有一個，如果有兩個，有時你會覺得不知道要往哪走，有時你在樓下，會覺得隨時有人會從不同的樓梯出現，一個人長期處於一個不穩定的空間，很容易有偏激的想法。

拆除一邊的樓梯，並將拆除樓梯這邊的通道或門封住。

◎ **提升抵抗力，遠離憂慮、躁慮小偏方：**

1．保特瓶三瓶，枸杞、黃耆、當歸、紅棗。用三千CC的水煮開，約煮成兩千五百CC的份量，每天喝，必須持續三個月以上才可。

2．每星期用粗鹽泡澡一次，加薄荷精油，泡到流汗為止。

十、家中擺設學問大

一、鞋櫃怎麼擺設

每天都在穿的鞋子，到底要放在哪裡，尤其是現在的新房子，通常大門外面的公共空間，為了美觀，是不可以將鞋子及鞋櫃擺在外面的，這時候，鞋子到底要放在門外還是玄關內呢？又該放在哪裡？這裡我們就要告訴您，小小的鞋櫃擺設，會影響主人的屋運。

大門口是「藏風納氣」之地，也有人說，出門或開門要見「貴」，開門見「櫃」，諧音同貴人的貴，就像是見到貴人一樣，如果希望能引貴人進門，帶來好運，選擇一個漂亮的鞋櫃，讓人進門就像看到藝

鞋櫃擺放也需乾淨整齊

術品一樣，心情也會受到很大的影響。

1・常穿的鞋子要擺在下層，鞋櫃在風水上來說，是一種雜亂的「穢氣」，目前一般的住家，因為空間狹小，有些鞋櫃超過屋主身高的三分之二，或是做隱藏式的鞋櫃，甚至頂到天花板，我們均稱為全高櫃，這類的鞋櫃，對風水上來說，是個不理想的設計。

一般來說，如果將鞋櫃等分成3個區域，最下面稱為「地」，中間為「人」，上面則為「天」，最常穿的鞋子，只能擺在「地」，「地」可以髒，中間可以擺放約2個星期穿一次的，那麼越少穿、越乾淨的鞋子，甚至全新的鞋子都建議擺在最上層，如果顛倒，等於是把髒、臭放在頭上，可能會引起家人偏頭痛，或腦神經衰弱的問題。

2・黑色鞋櫃不利風水，顏色也是鞋櫃的一門學問，一般人認為放髒鞋子用黑色最好，看不出來有多髒，但因鞋櫃也代表進門的感受，鞋櫃本身已帶著穢氣，如

果櫃子又是一片黑，感覺上更是不舒服，比較建議可以採用明亮的顏色，配合門面

的顏色，和五行的金、木、水、火、土配合，更可以幫助屋主運勢順利。

鞋櫃和大門最適合的顏色：

五行	大門	鞋櫃最適合的顏色
金	白色	黃、米黃、黃色
木	綠色	藍色、黑色
水	藍或黑色	白色
火	紅色或棗紅色	綠色
土	土黃或米黃	紅色、棗紅色

3．鞋頭要朝內，鞋子位置要放對，像是女生常穿的「巫婆鞋」，鞋頭尖銳，屬風水上的利角，在收放時，宜將鞋頭朝裡放，否則鞋櫃打開來取用時，尖頭衝向自己，長期下來對健康也不好。

4．鞋櫃忌諱沒有鞋門，鞋子隨意脫在門前，穢氣四散。

5．鞋頭也不宜朝下，有運勢走下坡的趨勢。

二、鏡子擺設學問大

鏡子是裝潢中最常使用的材料，如果配置得當，可以使房屋的空間感加大，視覺上房屋的深度也變得開闊，整體的感覺更明亮，自然心胸也會變得舒坦。如果擺的不適當，除了破壞房屋的美觀之外，在風水學上，是會有很大的影響的。

鏡子在風水學的功能，是一種可以照煞擋煞的法器，如果房屋外面有尖角，或是路沖，都可以使用它，把所面對的煞氣反射回去，避

鏡子、鏡面擺設需注意

免煞氣直衝屋內。既然是一種法器，如果放在室內，就必須謹慎，如果長期照到自己，對自己的身體也會有所損傷。

到底鏡子可以擺哪裡，不可以擺哪裡：

1‧鏡子不可以對大門或房間門，鏡子對門，每當一回家，直接照到自己，很容易被自己嚇到，精神容易不穩定，人際關係也不好。

2‧鏡子不可以照到床，我們每天在床上的睡眠時間約8小時，鏡子如果長時期照床，除了睡不安穩外，也容易疾病纏身。

3‧鏡子不可以照到瓦斯爐，瓦斯爐是財位，如果正對爐灶，財運會越來越差。

天花板崁入鏡子

鏡子面對床

4・房子裡最忌諱天花板崁入鏡子，通常住在裡面的人，精神狀況會變差，夫妻感情比較容易貌合神離。

5・房間四個角落，不宜擺設斜邊鏡子，任何斜鏡都會照到床，生活的角度來看，無論走到哪兒，都會被鏡子照到，也容易受到驚嚇、害怕。

6・餐廳不宜擺設超大鏡子，鏡子在餐廳中通常有增大視覺的效果，但以生活的角度而言，每次吃飯可能會不自覺的照鏡子，吃飯也不可能專心，如果有小朋友，那麼更有可能當成遊戲的工具，自然也容易影響腸胃。

7・客廳也不宜擺設超大鏡子，除了住在裡面的人容易吵架、不好溝通外，家庭氣氛也會不好，相對財務也不穩。

8・廁所也不宜擺設大型的鏡子，鏡子在廁所內有催桃花的效果，一旦擺太大，容易有不當的桃花出現，也容易引來第三者。

三、3C產品該如何擺放

電話、手機、電腦、傳真機，新時代的生財器具，它不僅可以擴展人脈，可以增進人際關係，也可以增進自己的財運，但也怕電磁波的干擾，到底要擺在哪裡，才會對風水學上有幫助呢？

1．電話及傳真機建議擺在房屋入門的斜對角線，也就是45度角，在風水學上稱為明財位，明財位擺事務機器，通常生意比較多，或家人的財運會比較安穩。

2．明亮有光線的地方，也可以是東方、太陽升起的地方，只要生財器具擺放靠近向陽方位，成功的機會也比較大。

四、圖畫與時鐘

很多人很喜歡在牆壁上掛畫，尤其是新房子，通常畫具有畫龍點睛的效果，或是過年期間，成為居家的擺設，都是功不可沒的。一幅好的畫，除了令人賞心悅目

之外，在風水的擺飾上，更有它該注意的地方。

1・畫上有葫蘆，葫蘆象徵福祿，可以擺在玄關，沙發後方。

2・畫上有百子圖，放在主臥房，象徵多子多孫多福氣。

3・畫上有花開，象徵花開富貴，可以擺在客廳，象徵熱情，不可以擺在房間，容易有桃花是非。

4・畫上有山水，水必須留向家中，不可以向外，尤其是大門，擺在沙發後方，或書房，象徵有靠山。

畫擺設

5・畫上有船，船必須駛家中，建議擺在書房，象徵有前景。

6・畫上有動物，不宜張大口，凶猛動物均不適合掛在家中牆上。

7・畫上有龍，必須要有水，否則有龍困淺灘之意，或是龍在雲中，喻騰龍駕霧之意，也代表飛黃騰達。

8・有些是因為諧音上的關係，像鶴的圖案，不宜放在西方，我們稱為駕鶴西歸，是大禁忌。

9・時鐘也不宜放在西方，也是諧音的問題。

五、冰箱的位置

古時候並沒有冰箱，只有碗櫥，碗櫥會放一些沒有吃完的飯菜，通常是放在廚房的位置，而且必須是別人看不到的，因為它關係到全家人的飲食，古代是農業社

會，必須全家都吃飽，才能有力氣去田裡耕種，所以以前的碗櫥也象徵財庫。現在冰箱取代了碗櫥，所以冰箱的位置是一門學問，但現在的家電強調美觀，很多人都把冰箱放在廚房外面，甚至放在陽台上，這一放，可能失去了錢財，也有可能影響健康，到底冰箱哪裡不能放呢？

1・冰箱門不可以正對大門，一旦正對大門，象徵所有擺在冰箱的食品，一眼就被別人看穿，代表錢財外漏，無法累積財富。

2・冰箱門不可以對房門，基本上冰箱都是擺放一些冰冷的食物，而房間門主要是睡覺的場所，一旦冰箱正對房門，住在房裡的人，很容易腸胃不適，或是很瘦弱，常生病。

3・冰箱門不可以對廁所門，冰箱通常是放食物的位置，廁所是房屋中最污穢的地方，如果兩相對，基本上除了不衛生之外，也容易引發全家人經常拉肚子，或是急性腸胃炎，或是有人很胖，或是有人很瘦，居家不可不防。

4．冰箱門不可以對後門，代表小人很多，主要是門就是一個出入口，一般人只走大門，後門是小偷容易進入的位置，一但對到後門，可能財務一夕間就沒有了。

六、古董物品、石雕、木雕的禁忌

很多人很喜歡收集一些古董，去海邊撿石頭，或是出國旅遊，帶些奇怪的物品回家，可是卻東放西放，缺乏主體性，而且也不會擦拭它，任由它藏污納垢，風水上本來就很忌諱居家擺設當中髒亂不潔，所以不管擺任何的物品，首重乾淨整潔，再來看擺哪兒最好：

1．**石頭**：是歷經千年萬年所風化的結果，具有相對的靈性，風水上認為不宜多放，如果真的喜歡，建議撿回來之後一定要洗乾淨，而且必須透過陽光照射，然後在它的底部上點紅漆，可以避免不潔之物入侵，不然家中的人容易有精神耗弱的

現象，也比較容易有腫瘤的情形發生。

2．**木雕**：首先原木製品的來源最好能夠了解，一般來說，木雕容易有熱漲冷縮的問題，有些木頭容易龜裂，一旦龜裂不建議收藏，另外原木製品的底座必須有紅色絨布，或是紅紙當底墊，也可以預防精神耗弱的問題。

七、收藏品與開運吉祥物要擺哪兒好

命理是一種玄學，有些擺設，除了諧音上的考量，也有一些客廳特殊的擺設可以加強招財鎮宅的功能，擺得不好，無法招財，還會帶來不好的影響。

1．**馬**：擺在家中的馬，材質上有分銅馬或瓷馬，不論何種材質，馬在風水上皆視為財，因此馬頭要朝外，除了有馬到成功之意，也象徵出外求財，如果朝內，馬蹄恐將損毀家具，家中較不易祥和。

銅馬

2．石獅：石獅因諧音上又為太師、少師，古代官制太師為三公之首，少師為三孤之首，象徵步步高昇、財源滾滾，自唐朝以來員外住的豪宅，通常會在門口擺放大型的石獅，民俗上認為，獅子是百獸之王，比虎豹都要來得凶猛，因此它具有趨吉避凶的效力，擺在門外，可以擋住妖魔鬼怪，牠又是瑞獸之一，可以帶來祥和，除了功能是鎮宅招財，也代表權威氣勢，但是現在我們住的房子，並不好擺放，因為獅子一定要成雙，不可以單放一隻，所以並不建議在家中買石獅來擺，如果擺設不當，居家成員當中，有人會顯得非常固執，人際關係亦會大受影響。

3．麒麟：在古代與龍、鳳、龜、虎、並稱為五靈獸，公的稱為麒，母的稱為麟，在擺設上，左邊擺公的，右邊擺母的。現在大型的公共場所門口也會擺放大型

石獅

的麒麟，麒麟與石獅的功能相同，卻不會那麼凶猛，民俗上也認為，麒麟是神獸，牠守禮守信，是吉祥降臨的先兆，用牠招財鎮宅，更有保護主人的功能，因此牠除了可以當制煞物的法器之外，也可以放在家中，不過比較建議擺放在家中陽台向陽的地方。

4・公雞：

中國人相信，萬物皆有靈，在風水的角度，有形就有煞，有煞皆得化，公雞可以咬蜈蚣、吃小蟲，如果居家附近有大型鐵塔，或是電線桿上電線穿越陽台，或是小孩經常腸胃不適，肚子有寄生蟲，都可以放一隻銅雞來化解，雞頭可不要放在室內，而且只能擺一隻，由於公雞好鬥，如果2隻或3隻，它就無法化煞了。

銅雞

麒麟

5. **貔貅**：它的外型像虎又像豹，他身上無麟、腳上無毛、凸眼獠牙，適合招偏財。貔貅也有公母之分，公的貔貅代表財運，而母的貔貅則代表財庫，民俗上也必須擺放一對，因為有財還必須利用庫才能守得住，當事業運發展受到阻礙，也可以利用貔貅來發展。

6. **寶劍或利刀**：有些人喜歡收集，也有些是朋友送的，針對這些尖銳的飾品，必須用紅布綁上緞帶，並且用壓克力框好，底座必須是紅色絨布。

寶劍　　　　　　　　　　　貔貅

八、花花草草怎麼擺

宇宙萬物皆有陰陽，動物為陽，植物為陰，但開花的植物也屬於陰中帶陽，而植物當中也有陰陽之分，像蕨類植物就屬陰，並不適合種在陽宅，風水當中，以闊葉圓葉的植物最好，因為陽宅也必須適時的補充陽氣。

很多人喜歡運用植物來開運招財，也喜歡種植花草，那麼就不可不注意了，尤其是過年，通常都會買花應景，因花與發同音，也象徵好彩頭，現在我們就來談一談花草與風水的關係。

1‧**求功名**：桂花，求尊貴；玉蘭花，形狀似毛筆，又稱御筆文昌花；雞冠花與菊花也代表登科中舉之意，孔子最喜歡黃蓮木。

2‧**求夫榮**：芙蓉花就是指丈夫榮華富貴，適合擺在書房。

3‧**有香氣的花，可以招來財神**，可以擺在玄關，或明財位。

4・門口玄關代表朱雀方，**擺些紅色花卉可以提升人緣**。

5・牡丹花：可以增進夫妻感情，適合擺在主臥房。

6・觀賞鳳梨：有旺來之意，可以擺在明財位，或玄關櫃上。

7・金桔：黃金滿滿，大吉大利，過年不可缺少的植物。

8・水仙：貴人相助，入門左手邊。

9・開運竹：事業步步高升，書桌上可擺設。

10・發財樹：一見發財，擺在陽台外。

11・銀柳：有銀有樓。

12・百合：百年好合。

開運竹　　　　　　　　水仙

13‧**石榴**：多子多孫。

14‧**栗豆樹（綠元寶）**：家中有元寶。

15‧**繡球花**：團圓美滿。

不宜擺放的植物如下：

1‧**爬藤類植物**：例如黃金葛，不宜多種，多者主官司、口舌不斷，如果居家已有擺放，建議必須將枝葉修剪。

2‧**杜鵑花**：為公共空間植物，不宜種在陽台或室內，因有杜鵑泣血旨含義。

3‧**玉蘭花**：不宜種在院子裡，玉蘭有遇難之諧音，想要求子或懷孕者，更不可以種植。

4‧**蕨類植物**：因濕氣比較重，不宜多種，將影響人際關係。

繡球花

5.**有刺的植物**：例如仙人掌，除了人際關係受影響之外，也容易長骨刺。

6.**桑樹**：桑與喪同音，不宜擺在室內。

最後，要提醒您，任何有生命的植物，要保持它的生命力，如果疏於照顧而枯黃凋落，對於家中的運勢反而有不良的影響，相對的，如果種植在家中的植物常常枯萎，也代表家中的空氣或是光線等等出了問題，必須趕快換掉，也討個吉利。

植物生長，通風、光線是很重要的

十一、搬家該注意的事項

當我們一開始下訂買了房子，新房子的氣場就開始伴隨著我們，如何搬家，書櫃、衣櫃、床組，如何依風水做正確的擺設，要一開始就先計畫好。搬家是一件喜事，也是一生努力所換得的結果，對將來全家的事業、學業都會有幫助。

一、搬家該注意事項

1．無論是新房或舊房都必須打掃乾淨，如果有符咒的問題，也要一併拿下來

處理，通常最適合火化的時間是下午的3點到5點。

2．家中若有神明或祖先牌位，必須先上香告知，要搬入新家的地址，並用新的紅紙包住，祖先用謝籃裝好，時間必須在中午以前完成。

3．孕婦最好不要參與搬家事務，除非必要，並不建議孕婦搬家，主要原因是避免勞累過度，或搬提重物而影響胎兒，因為搬家免不了敲敲打打，民俗上也擔心冒犯胎神，而導致流產。

4．新房子可以先淨宅，一般來說，可以選擇搬家的前三天開始做起，準備家中的鹽米各半碗，到鄰近的大廟主爐過香火，稟報神明新家的住址與居住成員，祈求全家平安，財運事業皆順利。到新家之後，將鹽米放在碗中，並將窗戶與門皆打開，在新宅內由內往外在房屋的四周灑淨，同時口中默唸：鹽山米山請帶走。半小時之後，將鹽米掃乾淨並丟棄即可，時間最好是在上午11點到下午1點進行，如果無法在搬家前淨宅，也可以利用搬家後連續7日，在家中點檀香以達到淨宅功能。

5‧民俗上入宅的做法

準備物品：

a‧裝八分滿的米桶，上面用紅紙貼滿

b‧新的掃把、畚箕一對，上面貼紅紙

c‧水壺需要會發聲的笛音壺

d‧全新的碗筷六雙

e‧新的電磁爐或小瓦斯爐

f‧12枚新的五十元硬幣

準備好之後，於搬家日當天先搬進廚房即可，其他物品再依序搬入。

另外，新的小瓦斯爐放在房屋的中心點，上方擺裝水的笛音壺，笛音壺內擺12枚五十元硬幣，點燃瓦斯爐，直到笛音壺聲音響起，關小火，持續15分鐘，待水涼，將12枚硬幣分別放在家中廚櫃或抽屜，象徵鎮宅母錢。

6・如果沒有宗教信仰，這樣的入宅方式就可以了。

7・如果有神明，則必須祭拜神明與祖先，通常需準備三牲、四果供奉神明，祖先則準備12菜碗即可。

8・搬家當日下午，要祭拜地基主，地基主到底怎麼拜，也經常有人問我，其實地基主就是房屋的原地主，也叫做開基主，或宅神，也有人視為陰神（鬼靈），但並不一樣，如果是陰神，那麼每個房子都變成陰宅。

拜地基主通常是在初一、十五或初二十六，安神或搬新家、尾牙、除夕都會拜地基主，時間是下午2點到5點，由於祂沒有神像也沒有牌位，放在廚房向屋前祭拜即可。

因為各地說法不同，在此我們也簡易說明一下，在早期閩南的漢移民他們將地基主視為祖先，主要是因為平埔族與漢族通婚，平埔族為了保有母系祭祖的傳統，就在廚房擺上小供桌來祭拜，但也有人將地基主視為正神，會在前門大門入口的三尺處，香爐朝內拜，因為所有神明直接從大門進入，地基主就要在此處迎接。也有人在廚房向外拜，很多種說法，也都沒有錯，最重要的是誠心正念。

準備物品：

a．供品：雞腿便當飯菜、茶、湯，筷碗一雙

b．福金卦金：香3炷

c．廚房向前拜

d．時間：下午2至5點皆可

e．疏文：弟子×××今日良辰吉時備供品，供請陽宅××××地基神明，上座享用，並祈求地基主保佑闔家平安。

9．搬家當日可以請朋友到家中，新房需要一點熱鬧的人氣，同時也有旺宅的效果。

10．當天晚上，燈火通明，也可以使宅氣更旺。

十二、三十四條神桌擺放的禁忌

神明廳的擺設學問大

一般過年期間或是遇到問題的時候，我們都會到大型的廟宇祭拜，也有很多人在家裡也供奉神明和祖先牌位，除了祈求心靈的祥和與平安之外，慎終追遠也是中國人傳統的美德。

神明如果安置得好，可以使居家的風水磁場增加，家庭的成員也會更健康，家運更旺，如果安置不好，除了風水磁場減弱之外，有時候，家人的健康運、事業運都會受到阻礙，因此擺設神位該注意什麼，以下就是我們要討論的課題。

神桌

1・神明的材質建議是木製品，也象徵生生不息之意，比較不理想的是供奉銅器、瓷器，或是玉器。

2・神明廳最好擺在客廳，尤其是向陽處，也就是必須看得到外面，基本上神明是屬於無象界的空間，一向來無影去無蹤，光線通風良好，是非常重要的，倘若神明看不出去，又在陰暗處，基本上全家的工作運比較容易受到影響。

3・如果是別墅或透天的洋房，建議安置在頂樓，讓神明可以看得更高更遠，也象徵我們的前途更為光明，不過只限在房屋的主結構，如果是頂樓加蓋的鐵皮屋，要注意下雨時可能的雨水聲，或是夏天時的熱氣、冬天時的寒冷，必須裝潢得像屋內的感覺一樣，完全感覺不出來是加蓋，才可以擺放。

神明為瓷器較不理想

4‧如果您的房子是屬於挑高樓中樓，樓上沒有空間可以擺放，那麼神明廳可以擺在客廳挑高的位置，其他位置並不合適。

5‧神明廳的前面，也代表明堂，明堂不宜太窄太逼近，也不宜放雜物，一般來說至少都要2公尺以上比較好，也代表將來子孫的發展有遠景，太逼近，事業運除了受到阻礙之外，感覺上也像要神明面壁思過的意味，明堂前面更不可以曬衣服，這是對神明不尊敬的。

6‧神明或祖先位置的前面，不可以被屋角、水塔、壁刀、鏡子、電視、大樹、電線桿、路沖，或反弓路面對到，也盡量不宜擺在入門的位置，或直接是沖大門口，通常如果安置神明的位置前面看得遠、沒有沖煞物，則會帶來好的家運。

神明廳前明堂太窄

7‧神明廳的地面，不可以低於陽台地面的位置，會影響財運。

8‧供奉神明後方的那一道牆，必須是實牆，也代表有靠山的意思，但現在的大樓，有的採用矽酸蓋板當隔間牆，那麼安置神明的那一道牆，則必須加厚，使得穩固。

9‧神明桌的位置，也必須注意擺放，通常必須用文公尺，量一下在牆角與神桌的左右兩側，都必須是紅色吉字，能夠符合文公尺上的「財」、「本」、「義」最好，如果因為距離空間不夠，至少右邊一定要有吉字，因為神明廳的左邊是青龍邊，右邊為白虎邊，右邊不吉，為逼虎傷人主血光。

10‧神桌的位置絕對不可以與房屋座向相反，一般安神都選擇跟房屋座向相同，或者是左邊、右邊，必須配合房屋內在與外在的考量，以及流年煞方，才可以安置，如果反向，則財運節節敗退，也容易遭是非口舌。

11・如果同時安放神明及祖先牌位，則神明必須安置在左邊，祖先必須安置在右邊，因神明為陽，祖先為陰，絕不可以顛倒安置，否則易容易產生陰陽反背、陰盛陽衰，也就是家中女人將比男人更強勢。

12・神明必須為單數，必須是一尊、三尊，不可為雙數，神明為陽，不可以擺雙數，否則容易遭陰，而且也不適合供奉太多的神像，尤其是居住的人少時，更不宜多擺，使人產生精神上的困擾。

13・神明桌必須緊靠實牆，象徵有靠山的意味，如果沒有靠實牆，容易產生突發措手

祖先牌位無留空間　　　　　　　　　　多尊神明

不及的情形。而神明必須緊靠神龕，也代表靠山，祖先牌位與神龕之間必須留一指半到二指的空間，代表子女有後續的發展。

14．從神明桌的左右兩邊來看，神明香爐必須在前，祖先香爐必須比神明爐要後退，代表長幼有序。神明香爐不可以有把手，香爐最適宜的材質為銅製品，陶瓷也可以使用，祖先的香爐有把手，俗稱耳朵，代表子女可以聽從長輩的話，一般香爐都有符合文公尺上的紅字，尤其是「益」、「利」、「添丁」更好。

15．祖先牌位不可以高過神明，神明的香爐高度，不可以高過神像肚臍，神像的腳也不可以踩爐。

神明及祖先爐位置不對

16・擺設在神桌的花瓶，不可以是空花瓶，不可以放假花，必須擺放鮮花，如果沒有鮮花，請將花瓶收起來，擺放空花瓶，則易損財運。

17・燭台不宜有尖銳的角，也就是盡量插上蠟燭，如果僅初一、十五點蠟燭，其餘時間燭台也可以收起來。

18・神明或祖先牌位的後方，不可以被神龕的木框對到，也就是不能靠木框，如果被對到，那麼家中有人脊椎不好，腰也很容易痠痛。

19・請特別注意檢查一下神明，不可以有裂痕，不可以掉漆，這樣容易引來邪靈入侵，通常可以在除夕期間做此檢查。

祖先牌位被佛龕切到

20・祖先牌位前方的玻璃框，不可以模糊不清，而裡面的字數，必須左右各6個字、中間12個字，是最理想的，一般來說，左邊為○○年○月立，右邊為陽上子孫奉祀，中間12個字現在已規格化。

21・神明兩側要擺燈，祖先兩側也要擺燈，如果空間無法擺設，至少要有一對，代表光明的意思。

22・神桌後面不可是窗戶，象徵沒有靠山，有一些朋友為了安置神明，神明的後方是一面窗，而且僅用木板封住，一樣是不可以的，必須將窗戶拆除，用磚塊砌成牆面，才可以安神。

23・神桌後面不可是廁所，也不可以有任何的水管在牆面上，或是正前方看得到廁所，

神桌後面是窗戶

左右兩側是廁所門，都不適合，通常比較容易有血液循環的病變、高血壓、中風的困擾。

24・神桌後面不可是爐灶，神明更不可以直接或側邊對廚房門，否則家人脾氣不好，身體也不好。

25・神桌後面不可睡12歲以下的年輕人或65歲以上的老人，長期睡下來，未婚者沒有婚姻，也容易做噩夢，精神狀況不好，更不可以是夫妻房，以表示尊敬神明之意，倘若夫妻房，比較容易不孕，神桌的位置，也不可以直接對到任何一個房間門，如果不小心對到，一定要加布簾或屏風擋住。

26・神桌上方不可有直樑或橫樑壓住，有很多人以為只要將天花板封住，就算有樑也沒有關係，其實那是不正確的，神桌上方只要有

神桌壓樑

樑，居住在此的人容易有頭痛的困擾，必須將神桌擺在不壓樑的地方。

27‧神桌上方不可以放冷氣，冷氣也不可以設在神桌的對面。

28‧神桌不可以安置在樓梯下方，或樓梯後方，或電梯後方，容易產生意外。

29‧神明前面的燈要用圓型日光燈，如果採用長型日光燈則不宜直沖神像。

30‧如供奉雙姓祖先，主姓在左，副姓在右，中間可用隔板或紅線隔開，供品最好可以分開。

31‧神桌周圍底下不可雜亂，不可以放藥品。

32‧神桌的左邊可以擺水，飲水機也可以，因為龍邊管水，但不宜擺垃圾桶，龍邊怕臭，虎邊怕吵，因此右邊不可以擺放電氣用品，神桌右邊也不宜擺高櫃。

33‧正常初一、十五可以擦拭神桌，如果是一年一次的大掃除，可以利用農曆

的12月24日清黗，或是除夕當天早上整理。

34‧如何整理神桌，清黗送神日又該如何處理，現在就簡單描述如下：

送神完後就可以清理神明桌上的物品了，也有人會在除夕當天早上7至8點鐘整理。首先，準備一張小桌子，也可以利用供桌，上面鋪上紅紙，先將佛桌上的供杯、燭台、花瓶，放在準備的小桌子上，再將香爐拿下來，如果擔心無法正確歸位，可以在原來的位置用筆畫下相對位置，然後再將香爐拿下，最後將神明與祖先牌位請下來，先置於供桌上，就可以開始清理了。

準備物品：

清潔的抹布，清水，玻璃清潔劑，羊毛刷，紅紙一張，新香灰一包，篩子一個等。

清爐時，首先用手向神明、祖先拜拜，口唸：「神明在上，弟子某某給你請

安，今天是過年除夕（或清黗日），弟子要清爐，請神明在旁（祖先在旁）等一下，等弟子清好後，您再坐回座。」說畢即用手捧起神明香爐，口唸：「請起」，將香爐請下放於拜桌上，再依續請起金身、祖先爐、祖先牌位等，再將桌上的燈具等等全部請下，如同神桌上的位置擺放於小桌上。

a‧清理神明爐與祖先爐：

首先清爐，因爐灰會到處飛，所以要先清，將紅紙舖在桌上（紅色向上），將篩子放在紅紙上，將神明爐內香灰掏出。香爐可以拿下來清理，但不可以「倒爐」，「倒爐」是非常不敬的動作，也是不吉祥的。清理香爐必須準備新的湯匙，並在湯匙柄上綁紅色緞帶，然後輕輕的將爐內的香灰舀起，並用篩子過濾雜物與硬塊，將多餘的香枝取出，整理一下，俗話說「插香鬆，賺錢嘛輕鬆」，再將空神明爐以抹布沾水擦拭，將清潔的爐放正，將爐內寶物擺好。

b‧神明爐可以「壓寶」：

準備12枚硬幣，在神明爐內面最底下放置12枚硬幣，請一個放正面，一個放背面，繞成一個圓，12所代表的為12個月、12生肖、還有四面八方財氣，不過每一種老師壓的寶物可能不同，您也可以按照原來的擺法，再擺一次。如果神明有穿外衣，也可以在此時換衣，但祖先爐不可以壓寶。這時將篩過的香灰過火入爐，裝到至八分滿，如不夠沒有關係，再將新的香灰篩過後，過火入爐，平舖於舊的香灰上至九分滿即完成。再依此模式將祖先爐也清爐擦淨，多的舊香灰及篩出的殘渣，則丟棄不要。

c‧清理神明桌、神明、神龕、神像、祖先牌位：

請準備乾淨未使用的抹布2條，擦拭神明桌及神龕。但若遇到開光的神龕則必須小心，僅能用乾的抹布輕擦，避免將開光的紅硃砂擦掉，如果使用清潔劑，均勻噴在佛聯表面上，讓油垢融化流下，不能讓水流入像框內，要迅速擦拭，否則佛聯下方會因擦拭時積水而發霉變色。玻璃同外框一起擦拭，最後用清水抹布擰乾後，擦拭全部。

d‧準備小掃把，清理神桌及神明爐或祖先爐：

平常在無法搬動香爐時，此小掃把可以當成清理神桌專用，做為清潔神桌的好工具。

e、用毛筆或蜜粉刷（需質地高）清理神像：

神像因長年接受香灰的薰陶，多多少少皆會有一點點黑垢，不小心處理的話，很容易將神像的表面刷傷，因此必須採用質地細緻的工具，並小心謹慎輕輕擦拭，請注意，我們只是要將灰塵清理好，就可以了！用羊毛刷將金身全身的灰塵清出，有需要水擦的部分，特別要注意，抹布沾水後要擰乾才可以擦拭，檢查金身上下看是否有嚴重裂痕，如有嚴重損傷，應準備重換金身；再依此模式，將祖先牌位也清潔乾淨。

f‧祖先牌位前的框，也必須擦乾淨

g‧最後再將神明、祖先牌位、香爐等依序排列組合完成後歸位，就完成了‥

請神上桌時，必須先點香，用手向神明拜拜，口唸：「請神上神桌」，請起，手捧神明過火放到神桌上，繞三圈，再依次請神明爐、祖先爐歸位。

備註：

1．農曆12月24日為送神日，送神儀式如下：

時間：早上7至8時

準備物品：三牲，水果3～5種，甜湯圓一碗，甜粿，糖果，紅棗，茶

金紙：三色金（壽金、卦金、土地公金），甲馬，鞭炮

準備好之後放在供桌上拜拜即可。如果神明桌上有安太歲，也要將它取下，如果有安灶神，要多準備一份供品，並拿到廚房拜拜。

2．年終大掃除：

如果您覺得這一整年皆諸事不順、運途坎坷，在整個家裡打掃完之後，將大門

打開，用「鹽米」或檀香，在整個屋內再一次做淨化的動作，也就是所謂的換氣法，將房子的宅氣，重新再一次提升。

3．送走小人：

送完神之後，可以剪一個紙人，不可以讓家人知道，也不可以讓別人知道，將紙人與松柏枝放在紅包袋內，帶在身上，除夕當日加金紙焚化，並跨越它，如果是男生，請用左腳跨過，女生則用右腳跨越，可以將小人趕走，也可免小人口舌。如果有過期的藥也可以一起丟下一起焚燒，可以趕走病魔。

拜神祭祖需慎重

十三、神桌與風水實錄

風水的擺設目的，在於祈福消災，但對於影響我們吉凶禍福的神明擺設，一般卻沒有仔細研究如何擺放，有什麼該注意的，或是有什麼禁忌，在上一章節，我們已經討論過上述部份，現在有些案例，供我們研究。

案例 一

這是一個開光失敗的案例，正常神像的開光，不外乎額頭，或是兩眼的位置，我們卻看到一尊全身上下都點上紅硃砂，感覺上這尊金身體無完膚。頭上有多處開光的痕跡，整個臉上就像個大花臉，感覺像是在哭泣，身上也有

開光失敗的神像

多處開光的痕跡，感覺像是身上被多種重物擊到，全身在流血，不僅違背了觀音應有的莊嚴，也代表祭拜者的本身，有如遭受到多次的打擊而無力反抗。

主要的影響：家人當中比較容易出現莫名的害怕、驚嚇，遇到問題容易退縮，也代表運勢坎坷。

生活的角度：如果你的臉本來是光鮮亮麗，現在全臉、全身長了麻子、青春痘，你會不會不好意思見人，甚至不敢出門，總希望等好了之後再來處理。

★化解方法：

正常開光儀式有很多種，有的是請天上神明來入座，或者是從廟裡神明的分身來入座，其實都可以，因為每一個老師不同，可能做法會有些不同，並非我們現在看到的，那是不對的，只是神像的材質有很多種，白玉觀光來說，有可能因為硃砂沒有乾而造成這種情形，以目前來看比較建議找原來的老師再重新處理比較恰當，如果找不到，再由專業老師處理，開光時可以先與老師做好溝通後再進行。

案例二

當時的神像應該有開光過、有人祭拜，只要有人開光的神明如果長期沒有拜，它的神明的靈性會慢慢減低；如果它的手在當時就斷裂，就要注意家人可能有末稍循環不良的情形；如果再加上神像的臉上是非常不開心的，也代表全家人當中比較容易有爭執的情形發生；而如果呈現發白或發青或龜裂，可能神像已退神，那麼這時候已不是身體或脾氣上的問題了，有可能會有其他不好的外靈入侵。

主要的影響：神明，生氣，手指，不做正神，怪事發生，家人當中比較容易有末稍循環不良，或者脾氣易怒，或者容易有做夢的情形發生。

生活的角度：神明是我們每天祭拜的，我們是藉由香與神明做溝通，香就好像人的食物一樣；如果你每天祭拜祂，煙薰後應該是光亮

的，這尊神明沒有任何光彩，就好像沒有吃食物一樣，久了牠也不會住進來。神像的形體如同神明的房子，沒有食物的房子正神不會住進，久了很容易引來沒有房子住的邪靈，就像沒有住人的房子一樣的道理。

★化解方法：

正常方法：用紅紙包起來收好，再請專業人士處理。

案例三

1‧神桌的右手邊放電氣用品：主血光。從神桌的位置看，有2個有關血光、不肖子孫、還可能招陰的風水煞氣。

神桌上面沒有問題，問題在神桌的右手邊，放了電視，我們說神桌的右手邊為白虎邊，虎邊怕吵，當我們開電視的時候，一靜一動之間，已經震怒白虎邊，要注意車禍、意外、血光。

2．神桌的右手邊高處擺神像、蝦子、雞、動物類造型的木雕、玩偶⋯⋯主出不肖子孫。神桌的左右兩邊不可放造型的木雕、玩偶，主要原因是神明的位階為最大，我們擺了一些不當的物品，對神明都會造成不敬。

還有當我們在拜拜請神的時候，那些未開光的神像，可能會招來其他孤魂野鬼共修，無形當中，家中的磁場比較亂，正神、陰神都聚集在這裡，家裡可能有人會產生精神異常的情況。

★化解方法：

移位，將其移至佛堂以外的地方。

案例四

土地公眉毛慘白，手部亦白，血液循環不良。這個煞氣主要是家人當中可能會有營養不良的情況，還有大破財的情形。

案例五

祖先牌位：同一玻璃箱要避免放雙姓祖先，就像是一個屋簷下同時住了2戶人家，若沒有適當的區隔一定會有磨擦，代表家中必定爭執不斷，永不安寧。

案例六

神位與廚房緊臨：沒有隔間，就風水而言，是大不敬的，因廚房的油煙與穢氣，有損神明之威，祖先受油煙污穢之氣，家裏成員多病之兆，並且有人長年肚子當藥罐，病痛不斷。

十四、檢查辦公室風水與個人的影響

生活離不開工作，每天在公司的時間，有時比在家還多，公司的人事物又非自己可以選擇。同事間的相處，是人生一大學習，主管給的壓力，又使你累得喘不過氣來，因此你會看到有些人在辦公室擺上一些開運吉祥物，最常見到的，不外乎風水魚缸、小盆栽、聚寶盆、還有紫晶、黃晶、文鎮、七星陣，只要可以招財、改善人際關係，或是用於加薪、升遷、降低壓力的物品，都會在辦公桌上看到。辦公桌對我們的工作職場有絕對的影響力，千萬不可以雜亂，找出你真正想解決的問題，讓風水與擺飾助你一臂之力。

辦公桌

同事間最擔心的，就是彼此勾心鬥角，大家各做各的，深怕自己的能力哪天被別人超越，有些人還會在上司面前打小報告，或是將做不完的工作丟給你，讓你老覺得好像是你辦事工作效率很差。現在就來檢查一下你的辦公室風水：

一、座位後方有窗戶：

風水上認為，座位後方空，代表背後無靠、孤立無援，也是犯小人的格局。

生活的角度：座位後方是窗戶，相對的就沒有安全感。

★化解方法：

在座位後方放置一盆小盆的仙人掌，或一枝桃木劍放在右手邊的抽屜中，或擺一個琉璃獅咬劍文

桃木劍

琉璃獅咬劍文鎮

鎮在辦公桌上，防止小人陷害。如果有窗簾，最好將其拉上。

二、門對辦公桌，口舌是非斷不了…

門開口，代表朱雀開口，朱雀就是口舌，坐在門前面，代表所有是非事，你都會比別人先知道，也會遭受口舌是非的困擾。

生活的角度： 若是門正對辦公桌，這樣除了來來往往的人會讓你工作不專心外，來來往往的人必定會看你在做什麼，是非常沒有安全感的。

★化解方法：

建議在辦公桌前方，擺上一盆闊葉植物，除了可招來好財運之外，亦可替你擋去不好的運勢，減低小人來犯！

辦公室煞氣可藉由植物來化解

三、牆角處處露，口角跟著來：

風水上每一個角，都像一把刀一樣，在辦公室內若處處可見牆角，小心尖銳的氣場會讓同事們不斷起紛爭，缺乏耐心、個性變得急躁不安。

生活的角度：工作當中若處處遇到牆角，可能在起身辦事的時候，會被利角傷到。

★化解方法：

可利用水晶圓球擺放在牆角邊，水晶本身就有招福擋煞之用，這樣即可化解尖銳的煞氣，降低口舌是非。

四、座位面對著電梯門或升降梯：

跟座位面對大門一樣，風水上犯了「朱雀開口」煞氣，除了很多的口舌是非要處理之外，在工作上也做不久，有時也會常換工作。

生活的角度：電梯每天開開關關，每次均會發出干擾聲音，無法集中精神工作，相信你的出錯機會比別人多，也容易與人起紛爭，是非口舌不斷。

★化解方法…

換位置，或用屏風擋住，不然就掛水晶球。

五、走道直沖（一條直路一支槍）…

風水上的直沖，是指走廊的盡頭可能是一間辦公室或辦公桌所受煞氣之影響，當走廊又直又長時，或大型公司多人出入，都會加深這煞氣的威力，不論你職位高低，如座正這直沖位時，你便會遇上同事背棄、孤立無助，最後黯然離職。

生活的角度：走廊是職員活動及行走的主要通道，在最裡面，又是盡頭，基本上根本不會有人想走進去的一個空間。

六、座位對洗手間或茶水間：

任何可以招財的位置，皆不可以有臭氣，財運會大受影響，如果辦公桌旁就是洗手間，小心職務可能會常常調動，也沒有貴人，工作效率很差，也容易在人際關係上受影響。

生活的角度：洗手間是一個充滿穢氣的地方，影響的範圍很大，人長年在此辦公，呼吸不好的空氣，心情上也會大受影響。

★化解方法：

以大型盆栽，有香氣的花朵擋煞。

辦公桌座位旁不宜是廁所

七、座位背面有尖角沖射：

若你座位背面有凸出的尖角，風水稱之為「尖角沖射」，會令你招惹是非小人、眾叛親離、官司纏身。

生活的角度：正後方有尖角，代表座位後方有障礙物，象徵有利刀對著我們。

★化解方法：

立即搬離此位，若不然在桌面兩旁放上白水晶簇加一顆水晶圓球。

八、座位後面是走廊：

以風水學來說是沒有靠山。靠山是非常重要的，會使工作總是難順心、下屬不服從、與同事是非有增無減、工作獨力難當。

生活的角度：工作時背後有點空蕩蕩及涼風陣陣，是非常不舒服的，而且很難

專心面對工作。

★化解方法：

在背後放一個「土形」紫水晶山，做為你的靠山及後盾。在玻璃幕牆掛上一幅有山明水秀的風景圖畫。

九、座位上方是化糞池或水溝：

那將使您工作力不從心，也無心在此工作，在決策上，也容易出錯。

生活的角度：化糞池是整棟房子的污穢集中地，等於天天與臭氣為伍，工作情緒將大受影響。

★化解方法：

搬離此座位，或在座位下方以黃色地墊鋪滿，並平均擺放36枚古錢在地上。

那麼真的有辦公室的好風水嗎？如果我可以選擇，哪一個位置才是我的好位置？現在我們就幫大家找個好座位，使您工作輕鬆、效率大增，開開心心上班去。

1‧座位後面有靠山，就是有屏風，或實牆，玻璃窗就不算。

2‧入門口的45度角，是所謂明財位的位置，如果門在中間，那麼兩側皆算是明財位，坐在明財位上，就是好的辦公座位。

3‧用文公尺量一下桌子，看有沒有紅字，可以更勝一籌。

4‧座位的上方沒有冷氣直吹。

5‧座位的上方沒有燈管直接照射。

6‧桌子是實木，代表踏實，如果是鋼製品，就需要亮面為主。

7・垃圾桶就放在桌底下。

8・桌子上方乾淨、整齊。

辦公室座位擺放學問大

◎ 幫自己成為主管的十一大重點

檢查完了辦公室風水，接下來如果你想在公司左右逢源，加薪順利，可以利用以下的方法：

一、事倍功半，保住官運法

常常在公司加班，一個人在挑燈夜戰，加班趕今天未完成的工作，而且經常如此，也沒有任何同事可以幫得上忙，這時，可以運用易經卦象中的北方為坎卦，主勞動，南方為離卦，則主進財，兩個一起進行，會令你在工作上更令人滿意，可以試試以下的方法：

1‧辦公桌的北方不可以擺有水的物品，像水種黃金葛，北方若放水，它代表勞動，也代表辛苦之神，怎麼做都做不好。

2．將辦公桌上的北方改放一個有關電的物品，電話、手機、ＭＰ３都可以，而且要常常使用它。

3．在辦公桌上的南方放一個綠色小盆栽，以開運竹為主，並綁上黃色緞帶，以上第2項與第3項必須一起做，才會有作用力。

二、與加薪無緣、不受賞識

有人工作一年，老闆就加了好幾次薪，也有人工作了好多年，薪水永遠原地踏步，甚至還降薪，想換工作又不敢換，常常唉聲嘆氣、怨天尤人，到底有沒有機會，使我可以更好？那麼你真的得試試這個簡單又容易的擺設：

1．首先你必須選一個有靠牆的位置坐下來，代表有靠山可以幫助你，這時在座位的左側方擺放一盆與座位同高的盆栽，如果是桂花樹更好，在風水中左邊代表貴人方。

2．如果你的位置後方沒有牆，會比較辛苦，甚至你必須常起身做事，這時我們就得在辦公桌的左方抽屜中放一個黃色的布包，內裝168元及3個乾隆的古錢，這樣就可以幫助你加薪。

3．如果想更快點，就在辦公桌的左方擺放一支銅龍，銅龍是一個吉祥的神獸，也代表會有貴人引薦您。

三、領導能力不足

也許你正是一位工作領導者，但很奇怪的是，要下屬加班沒有人理你，要他們工作也拖拖拉拉，你永遠不知道怎麼樣可以使你的下屬成為你的得力助手，也擔心有朝一日，你的位置會被別人取代，這時你可以試試以下的方法：

銅龍

1．請經常在你座位後方，擺放一件比較具有專業能力的外套，並且必須7天換一件，這件外套就如同你坐在那兒是一樣的意味，它會幫你看緊你的下屬。

2．在你的辦公桌上擺放一個琉璃獅咬劍的紅色文鎮，琉璃獅咬劍可以防止下屬以下犯上的可能，而且你說話的說服力將會大增。

四、不定性，工作一直換

有人上班很穩定，在一個單位可以做很久，都非常順利；也有人上班以後，不是覺得錢太少，就是覺得工作壓力很大，不然就是覺得不能適應工作，好像怎麼做都不順利，一直想換工作，我想你可能需要一個方法，幫助你將工作穩定下來，可以做得長長久久：

1．請隨身帶一個紫色的水晶，它具有穩定的功能，更可以幫助你開啟智慧之門，使你更清楚的思考每一件事物。

2‧請盡量選擇紫色的辦公物品，而且必須是一上班就得使用，因為它的作用力會在 7 天後才會慢慢顯現出來。

3‧在辦公桌的左方放一個綠色的小盆栽，將有貴人幫你，使你更安定。

五、不得人緣，工作上與同事樹敵

同事一起做事，最怕的就是受到排擠，可能是自己的觀念與別人不同，也有可能是你沒有辦法融入群體的生活，老是覺得與人格格不入，也覺得好像常常被別人欺負，我想以下的方法可以試試看：

1‧請盡量選擇粉紅色的辦公物品，而且盡量不要有圓角。

2‧在辦公桌上放粉紅色的水晶球，代表圓融之意。

3‧在桌底下放個黑曜岩，可以防小人，招貴人。

4．如果發現最近的口舌是非、小人很多，還可以在椅背後方放一盆仙人掌。

六、職場上如何招貴人？

如果在工作上能夠有人可以幫助你，使你工作輕鬆，使你喜歡這個工作，就可以做得長長久久，來看一下，有些小擺設可以讓你招貴人：

1．左青龍，右白虎，可以在左手邊擺放一盆桂花樹，或者是向日葵，它主交際，可以帶來更多的貴人。有香味的花也可以，但只能在開花時擺放，不宜凋謝時再擺上去，否則沒有效果。

2．辦公桌上放水晶招貴人，左邊放方形，右邊放圓形，左方右圓，做事輕鬆。

黑曜岩金字塔

七、你在辦公室的風水護身祕笈

1．保住官位，帶領下屬，一起完成任務

龍銀：民清舊時流通的銀幣，因本身鑄有龍的圖案，只要是真品，經過開光後，就可以旺官位，增強本身的氣勢，防止小人陷害，有助於業務推廣，達成任務。

開光與安置方法：到大廟主爐過香火，稟報自己的名字、生辰八字、工作地點，回來後看農民曆上的開光祈福日，安放在辦公桌的四隻腳下，也可以放在辦公桌前緣。龍頭必須在前面，或是在上面。

龍銀

2．辦公室升遷（官）小祕法

銅馬：只要找到自己的驛馬位，擺上銅馬，想升官，或是調到理想部門，缺少不了它。

個人驛馬位：

猴、鼠、龍驛馬位在東北方偏東方

虎、馬、狗驛馬位在西南方偏西方

豬、兔、羊驛馬位在東南方偏南方

蛇、雞、牛驛馬位在西北方偏北方

如果想要快速升官，還可以在顏色上改變：

猴、鼠、龍在偏東方的位置放綠色的物品加銅馬

虎、馬、狗在偏西方的位置放金色的物品加銅馬

豬、兔、羊在偏南方的位置放紅色的物品加銅馬

蛇、雞、牛在偏北方的位置放白色的物品加銅馬

八、辦公室保財法

a．五帝錢：如果找不到真的五帝錢，也可以用50元、10元、5元、1元來代替順治、康熙、雍正、乾隆、嘉慶。開光後，選擇祈福日放在抽屜四個角落及中間，必須固定。擺放方法為由左至右、由下至上，順時鐘擺放。

b．準備一個黃色的布包，內放五色碎石水晶加66元，擺在抽屜左下方也可以保住錢財。

c．蟾蜍也可以使用。

九、提加薪、談生意的好時辰

看農民曆就可以幫自己招來好運氣，一般來說要知道自己的三合與六合貴人時

古帝錢

辰方，就有加分的效果。

地支三合：申子辰、寅午戌、巳酉丑、亥卯未，各謂之「三合」。凡用事擇日、時能逢三合，一般有加分作用。如申命人能同時用子、辰時之日時，也就是屬猴的朋友，要善用子日辰時，或配合屬鼠、龍的朋友，皆有利於行事之順暢，或半合也可以。

十、加薪密法

準備物品：一張紅色紙，一個紅包袋，一個小玻璃瓶

把希望加薪或想實現的願望寫下來，最多2個，後面要寫上自己的姓名與八字，裝在紅包袋中置入玻璃瓶，放在室外連續曝曬3天3夜，並於白天及晚上各做一次觀想的動作。選擇一個祈福日，將玻璃瓶放在公司左側抽屜中，再依自己的良辰吉時去談判，就會有好運發生。

十一、穿著、顏色：上班加分、行動風水術

先以穿著顏色為主，因為顏色影響較廣：

a‧咖啡色、卡其色、原木色

想換工作，或是老覺得工作上力不從心，沒有人可以幫你的時候，可以穿著卡其色的衣服，卡其色是一種使人可以獨立運作、提升個人士氣、被認同與肯定的色彩，必須連續穿3個月。

b‧藍色

改善人際關係、和平相處、引人注目的顏色，但需要顏色比較深的，淺的天空藍反而造成反效果，變得太自我，而影響人際。

c‧綠色

具有強烈挑戰性、改善缺乏自信的顏色，如果常常和咖啡色一起穿，會更有執行力。

d · 粉紅、紅色

具有發現靈感的色彩，想讓同事知道你的想法或是想換新工作都適合，或參加重要會議。

e · 黑色

適合主管的西裝外套，一般人不要輕易嘗試，代表隱藏內心、自我。

f · 白色

讓人主動想跟你聊天、做朋友。

g · 黃色

代表說服與安定，也可以提高財運。

◎ 利用風水小擺飾增加個人工作運勢

一、風水魚缸

目前正值下元八運（民國93年至112元），正神為東北方，見水不吉，適合擺放魚缸的位置在住宅的東方或西南方，不適合擺放魚缸的位子在西方及東北方。魚缸若擺在西方及東北方，將導致嚴重之漏財。辦公室的魚缸建議用圓形，或長方形，圓形屬金，金生水；長方形屬木，水生木。不建議用三角形或正方形，三角形屬火，正方形屬土：水剋火，土剋水，皆為不吉之象。

如果您只有辦公桌，那麼不建議擺放風水魚缸，但如果有一個專屬辦公室，就可以擺在辦公室的東方。

二、盆栽與辦公室

花卉除了美化空間之外，就健康的角度來看，綠色植物就像辦公室的空氣清淨機一樣，多擺綠色植物，可以淨化辦公室的空氣品質，尤其是辦公室人來人往，空氣品質不佳。適時擺設就好，也不宜過多，過多反而使磁場過於陰冷，使人有不安定的感覺。

擺放在辦公室的盆栽，選擇圓形葉片或是闊葉植物，例如主管辦公室，可以考慮松樹，它代表常青、長久之意。至於一般員工桌上，求人緣，就可以放粉紅色花朵，馬拉巴栗、白鶴芋，都是不錯的選擇。避免選擇有尖刺藤蔓的植物，例如玫瑰、仙人掌、柏樹，葉片如同刀劍，容易遭刑剋，同事間容易產生敵對，工作常遇阻礙，也比較容易招陰。黃金葛、榕樹皆不適合，開運竹也不宜多種，如果擺上它，要記得綁上紅緞帶。辦公室更不宜選擇乾燥花或塑膠花，否則會變成同事間感情不真實，但交誼廳就沒有關係。

三、聚寶盆

瑪瑙的聚寶盆，建議藏在別人看不到的地方，財不宜露白，可以放在桌底下的抽屜。

四、水晶

紫晶可以穩住錢財，綠幽靈與黃晶招財，文鎮可以增加自己的權勢。

備註：

1.求財有好時辰

看農民曆就可以幫自己招來好運氣，一般來說要知道自己的三合與六合貴人時辰方，就有加分的效果。

地支三合：申子辰、寅午戌、巳酉丑、亥卯未，各謂之「三合」。凡用事擇日、時能逢三合，一般有加分作用。如申命人能同時用子、辰時之日時，也就是屬猴的朋友，要善用子日辰時，或配合屬鼠、龍的朋友，皆有利於行事之順暢，或半合也可以。

準備物品：一張紅色紙，一個紅包袋，一個小玻璃瓶

把希望加薪或想實現的願望寫下來，最多2個，後面要寫上自己的姓名與八字，裝在紅包袋中置入玻璃瓶，放在室外連續曝曬3天3夜，並於白天及晚上各做一次觀想的動作。選擇一個祈福日，將玻璃瓶放在公司左側抽屜中，再依自己的良辰吉時去談判，就會有好運發生。

2．自製鎮宅錢母ＤＩＹ

自家附近的土地公也可以。

ａ・紅包袋、紅紙（正面寫生辰與名，背面寫祈福），硬幣1元、5元、10元、50元。

ｂ・備水果、汽水、金紙。

ｃ・祈求土地公賜財鎮宅，要擲筊。

ｄ・將紅包袋在主爐過香火，順時針三圈。

ｅ・藏鎮宅母錢，要用心冥想「土地公到達我們家」，放在主要抽屜、家用電話、廚房、或計算機上。

十五、風水實錄：退運的房子

有人搬新家之後，財源滾滾，幾乎是投資什麼賺什麼，但也有人搬進去之後，非但沒有了工作，全家人各自分飛，適婚年齡的子女，沒有婚姻，或是離婚，自己的老公卻因為好賭，讓全家人揹債，來看看他們家風水上出了什麼問題，導致了家運不興，退運連連。

當我們還沒進這個房子，就發現，他家隔壁有個大神壇，裡面供了不下數百尊的神像，平常香火的味道，讓已住在公寓裡面的住戶受不了，煙薰的公共樓梯早已污穢不堪。用生活的角度來看，每天下班回家，面對黑漆漆的樓梯，而每天所呼吸的空氣，也被香火味所取代，心情自然也不好。有時住宅的附近避免不了這個問題，到底它會有怎麼樣的影響：

一、神前廟後不住人：

八宅明鏡上提「住屋前後有寺廟不宜」，又叫退運宅，尤其忌諱大門與廟宇門相對，或是樓上樓下。通常居住在此棟房子的人，容易產生家宅不寧、家運不興、大退運的風水煞氣。通常寺廟是靈氣最旺的地方，一般人並不適合住，如果你住在寺廟的附近，又沒有辦法搬離，建議您在門口掛上八仙彩，使自己的宅氣能夠提升。

二、廟宇屋簷的尾煞：

不宜對到房子裡面的任何一個角落，居住在此房間裡的人，容易有意外血光。曾經有一個案例，房間住了一個男同學，平常孝順乖巧，上下學有摩托車

廟宇尖角

廟宇前後

代步，就在一個夜晚，父親接到了電話，說同學出了一場大車禍，現在在醫院急救，家中唯一的兒子，是父親心中的寶貝，他幾乎無法接受這個事實，到處求神問卜，終於孩子的性命救回來了，只是他沒有辦法繼續上課，智能嚴重退化，視力也變得不清楚。

★化解方法：

居家的房屋被屋尾煞對到，必須用山海鎮或36天罡化解。

三、金紙爐的出風口不宜放在二樓上方屋簷上：

風水上強調，一條煙囪一柱香，附近居民輕則傷，容易導致意外頻傳，也主血光。

生活的角度：煙囪置於二樓屋簷，實在很危險，也容易因為通風不良而產生火災，建議搬離現場，改在通風良好的一樓。

四、神明廳後面的房間：

神明廳的後面不宜睡夫婦，也不宜睡成長中的青少年，或是未婚男女，可以睡在這個房間的年齡為12歲以下以及65歲以上才可以，介於這兩個年齡中間的人都不適宜，長期下來不但會造成未婚並且沒有姻緣，已婚者容易不孕，甚至健康也會大受影響。這個房子，神明廳的後面就是睡著一位四十多歲的中年未婚女性，她從年輕時就住在這間，一直以來，總遇不上美好的姻緣，到現在換來的，是睡眠狀況愈來愈差，身體也開始出現一些小毛病。建議神明廳後面的房間，改成書房，或儲物間，如果一定要睡在這個房間，就必須在房間與神明之間隔一道牆，改成書房，或儲物間，如果一定要睡在這個房間，就必須在房間與神明之間隔一道至少40公分的隔間牆，即神明與住房不同一道牆，就可以化解這個問題。

神明廳後方是房間

五、神龕後面是潮濕的牆壁：一

般透天的房子，神明都會安在頂樓，但是如果神明靠的牆面的外面會遭受到日曬雨淋，久而久之，神明所靠的這道牆面就會潮濕，進而油漆剝落，嚴重的可能還有滲水的現象，想想看這樣神明會坐的安穩嗎？神明如果坐不安穩自然無法保佑，就會造成家運有退運的現象。

★化解方法：

必須告知神明要在某良辰吉日移開神桌將牆壁重新做防水、油漆修補的動作，但是要擲筊神明同意才可以。最後也是最重要的一點，必須確定神明安座的位置不是流年煞方才可以。

神明後方牆壁潮濕

從這裡不難發現，一個家庭的問題，通常會是多重煞氣匯集而成，如果居家僅有單一煞氣，不至於影響太大，接下來我們來看看這戶人家外在有什麼問題：

一、兩家相對，低者衰退，兩門相對，小者衰退：退運宅

這個煞氣很常見，就是我們常說的退運宅，不過在這裡，我們要從山坡地形還有大門來看起。

退運宅：兩家相對，低者衰退，因為地形為山坡地，對面的房子比我們高，我們家的地勢又比路面稍為低一點，其實每隔一段時間，路面就會整修鋪路，無形當中，我們就越來越低，形成退運宅。

兩門相對，小者衰退，我們跟對面門對門，門對門為鬥口煞，對於這種住宅的大門，他們的門比我們家的門大，也代表他們的氣勢比較高，我們氣勢比較弱，最主要的是納氣的口比別人小，要賺錢當然也比對方辛苦。

生活的角度：山坡地高者一方會有靠山，代表當問題發生時，還有家人或長輩可以商量，低的這排房子沒有靠山，也象徵當問題發生時，比較沒有人幫助，一切靠自己，當自己的經驗不夠或判斷力不夠的時候，很容易每次出差錯，日積月累，也已經沒有力氣可以處理事情而形成了退運。

二、水溝門前過：錢財過門而不入

這個煞氣主要是賺了錢沒有辦法存起來，造成左手進右手出的情況。

水溝在門前，在陽宅學上形成錢財損耗，也就是錢領到了，還沒有放入銀行就不見了。陽宅將水視為錢財，水在門前流來流去，就是與你擦身而過，也代表貴人過門而不入。

水溝門前過

生活的角度：水為財，但水溝是污穢之水，每一個家庭的廢水都會排入水溝，也代表污穢之財。剛好檢修蓋、通氣口又在門前，每天出門進門都會經過，污濁的水氣，會讓你家大門的氣場也受到影響，大門為納財氣之口，你所納的財為污穢之財，污穢之財指的就是沒有辦法留住的錢財。

★化解方法：

在水溝蓋加上紅色塑膠墊，但還是要注意排水問題。

三、衝天煞

損男丁、男生的工作運不穩定、男丁不旺的風水煞氣。

每一個人都想好好的工作，在工作中能夠穩定成長，但是在這裡，我們看到一個煞氣，是因為自己對自己的期望比較高，而產生的物極必反的煞氣。這棟大樓，兩邊低中間高，前面也低，在陽宅風水學上形成衝天煞。衝天煞主要的影響是家中

的男生工作不穩定，最嚴重者將會造成沒有工作，或者失業。

生活的角度：高低不齊，巷弄狹窄的房子，我們比別人高，所要承受的風也好，下雨也好，都比別人先承受，就算是小偷，也會先站在高處往低看，因此我們選擇房子，高低一樣會比較理想。

★化解方法：

陽台種盆栽，利用植物化解壓力。

衝天煞

《附錄》

六種開運法

一、貧賤夫妻百事哀，夫妻同心，齊力斷金

找出桃花位：

申子辰合水（北）：桃花位在西方

亥卯未合木（東）：桃花位在北方

寅午戌合火（南）：桃花位在東方

巳酉丑合金（西）：桃花位在南方

準備物品：

放一張夫妻的照片，以先生為主，找方位。

八枚硬幣，紅紙一張。

做法：

在照片的背面，以紅紙黏上八枚硬幣成一個圓圈，在中間寫上夫妻雙方的生辰八字，待開光祈福日，掛在桃花位即可。

二、簡單神奇桃花速成法

此方法針對未婚男女皆可適用，由於會同時招來好桃花與爛桃花，因此必須謹慎使用。

準備物品：

4朵玫瑰花，必須是鮮花，而且刺必須拔除。

花瓶4個，農民曆。

做法：

取農民曆上的子午卯酉其中一日，加上避開自己沖煞的日子，如果有祈福的字更合適，將鮮花擺放在房間的四個角落，每星期必須換水跟換鮮花，直到異性緣出現為止，鮮花就必須收起，不再擺放。

三、金錢幣招財法

準備物品：

1・五十元錢幣12枚。

2・洗米水或粗鹽水。

3・新的鍋子或茶壺。

4・小的電磁爐或瓦斯爐。

做法：

1・將12枚50元硬幣用洗米水或粗鹽水洗淨，並且需在充足的陽光底下，連續

曝曬3天，每天最好的時辰是上午11點到下午1點之間。

2．將爐子與鍋子擺放在房屋的中心點，將12枚硬幣放在鍋子裡，鍋子加水後煮開約20分鐘，待涼。每間房間擺放2枚，客餐廳共2枚，其餘擺放在廚房即可。

備註：可以在搬家日當天做，效果最好，如果來不及或最近財運不佳，也可以在交節氣的時間做最好。

12枚硬幣：代表12個月，象徵每個月都有錢可以拿，每個房間2個，代表好事成雙，也象徵財運亨通。

四、小鏡子開財法

一般來說，鏡子可以化煞，卻不知它還有其他的開運的作用。鏡子具有轉換磁場的功能，所以不可以亂擺。

準備物品：

小圓鏡一個。

黃色小福袋。

硬幣66元：包括50元一枚，10元一枚，5元一枚，1元一枚，共66元。

做法：

將物品準備好之後放在皮包就可以招財，必須每年重新做一次。

硬幣必須淨化，小圓鏡必須開光。

開光可去大廟主爐過香火，或是利用農曆15日整天的時間，放在陽台上，用以吸收太陽光、月光、星光的精華，也代表開光。

五、生命樹保健康法

準備物品：

1・葫蘆。

2・長5公分，寬3公分的紅紙一張。

3・紅緞帶一條。

4・綠色植物一盆。

5・保生大帝的香灰。

6・農民曆上祈福日。

做法：

1・在紅紙上寫下自己的出生年月日時辰。

2・祈福日當天，將寫好的紅紙及保生大帝的香灰放在葫蘆內。

3・連續7天，將葫蘆拿出來，並默念「我們全家都平安」49次。

4.7天後將葫蘆掛在盆栽內，放在前陽台的位置。

前陽台代表主人的運勢與發展，有了這顆生命樹，將實現你所有的夢想，不過樹不可以枯萎或死掉。

六、事業步步高昇法

準備物品：

準備七棵開運竹，開運竹需綁上紅色緞帶，一個小花瓶，黃水晶少許。

做法：

將七棵開運竹放在瓶中，內裝黃水晶即可，做好的開運竹可以放在書桌的左前方，注意開運竹不可以過高，不可超過花瓶長度的三分之一，或底部的根太多，都必須修剪才有效果。開運竹不可以枯黃，否則沒有作用。

《後語》

首先再次感謝讀者熱情的支持，使本書得以問世。

求學時代，學習的是土木工程，後來從事室內設計工作，其中很多人在買房子、設計房屋的內部格局的時候，通常他的身邊都會有一個生活顧問，其實就是風水命理老師，給他很多的建議，而身為設計師的我們，只能照著做，當時，即使我們說，這樣不好看，這樣會破壞美觀，得到的答案，往往是「我們聽風水老師的」，很多屬於美感的室內設計，往往好像跟風水起了衝突。我好奇的想，為什麼？是不是只有有錢人相信風水，是不是只有有錢人才請得起風水老師，後來我發現，風水是中國古人的智慧，是一門科學，既然是科學，就有存在與認識的必要，其實好風水並不是有錢人才可以得到，一般人其實也可以透過居家風水的改變，進而讓生活得到改善，因而我開始研究各種風水命理學派，包括了八字、姓名、陽宅風水堪輿。

在我的客戶層中包含了社會中各個階層的人，有大老闆，也有一般上班族，甚至於生活困苦者，我的服務也廣及台灣各個角落，從台灣頭到台灣尾，花蓮、台東也走過，台灣雖然不大，但是房屋風水卻大不相同，但是不管如何，大家都希望能夠透過風水解說，來讓自己或家人更好，所以當我在為大家服務時，都是盡可能的解決問題，所謂行萬里路勝讀萬卷書，除了幫客人解決風水上的問題外，當然也希望能夠透過文字與大家分享。寫這本書是希望以深入淺出的文字以及圖片，來幫助大家對風水能有不一樣的看法。

風水就是生活，那麼你關心過自己的生活嗎？如果可以知道未來可能會發生什麼事情，是不是就可以降低所謂的生活上的風險，或是可以使未來的生活更多采多姿？答案是肯定的，雖然迷信不可取，但是如果透過這樣的方式而能夠自我掌握，讓自身成為一個了解自己、關心自己生活的人，你也可以成為一個先知先覺者，透過陽宅風水的改變可以降低生命過程中的失敗，可以掌握自己的人生方向。

從事風水多年，很多人問我，風水改了之後，一定有效果嗎？一定會改變嗎？我的回答是：「能改一點是一點，就怕你永遠都不願意改變，改變永遠比不改好」，人生的過程也一樣，有時候就差那「一點」，一個會使您成敗的那「一點」，如果什麼都不願意改變，日子一樣一天一天過，這就是運的轉動，相信本書的其中一點內容可以幫助您，幫助您改變，相信自己，命運絕對掌握在自己的手上。最後在此要感謝支持我所有的電視觀眾、廣播聽眾，以及讀者，今後望能繼續將我所學所聞跟大家分享，不管是透過文字或媒體，我都會好好努力呈現給大家。

台灣妙妙妙節目風水講解老師　鄭雅勻◎著

鄭雅勻

陽宅造運

旺旺旺

自序

「所見所聞改變一生，不知不覺斷送一生」，常用此句當作我的座右銘。

學生時期的我，懵懵懂懂的讀了土木工程學系，也因此我喜歡有數據的理論，凡事必有根據，才能說服自己、影響別人，畢業之後，轉型成為室內設計師，喜歡每一間房子都穿上華麗的新衣，迎接新的主人，也因此開啟了我對五術的研究。

室內設計講求的是生活美學，如何將傳統的房屋運用自然的物件，將整體的空間與動線發揮到完美的境界，是我必須對每個業主所盡責的，只是每個人的需求不同，預算也不一樣，而室內設計師，除了必須針對不同的個案，也必須考量整體因素，才能達到美學與實用性兼顧的理想住宅，在當時，我每天接觸不同的業主，當然也天天都在看房子，只是當時是一個室內設計師的角色，我的目標只有一個，如何讓業主住的舒適安心，但也常常遇到一個令人困擾的

2

情形，那就是風水老師，通常一個人一生只買一棟房子，也許是換屋，也許是舊屋翻新，但他們有一個共同的特點，就是相信風水，相信這門中國古老的學問，可以帶給他們住得安心，創造更多的財富與健康，只是當時不能理解為什麼我們希望的理想格局與動線，常常會跟風水老師抵觸，當然在當下只能服從與聽從，一改再改，改到風水老師說可以為止，畢竟花錢的是業主，但心裡有太多的為什麼？為什麼風水會跟美學有抵觸，為什麼那麼多人相信風水，為了能夠幫助業主了解更多的風水學說，也使自己能夠設計出美觀與實用並兼顧風水的理想好宅，幫助每一個人住得安心，住得舒適，住得平安與健康，也因此開始投入風水這門老祖宗的學問。

任何的事物就學術而言，本來就可以用科學的方法做分析解釋，風水也是一樣的，就好比一個人喜歡一間房屋的格局擺設，內部的裝潢色彩，我們也可以用心理之類的學術來細加剖析此人與房屋之間的關係，甚至了解他的行為特質等等，成為一個可以探討的對象，而西方的文化重在分析，東方的文化講的是主觀，別人講求分析，我們講求經驗，對中國的祖先來說，不僅藝術是藝

術，科學也是藝術，也是美學的傳承，因此中國古代的建築風水，您都可以發現老祖宗的智慧，可以將空間設計發揮到各種機能，並講求空間的任意轉換，此時可以認定的是風水是一門美學，一門科學，一門學術，一門中國人萬有觀念的寶庫。

研究風水，不需要怪力亂神，不需要誇大不實，就像研究企業管理，人脈經營，政治法律一樣，都是在闡述人生，幫助解決問題，就像任何事件的發生，絕對不是單方面的功勞或問題可言，就好比說，你在公司賺錢，風水雖然是其中因素之一，但主要還是來自於你的努力與付出，相對的，你在投資上失了利，也不能完全說是風水造成的，有可能是你的努力不夠或是行銷管理出了問題，在風水中，道德的講究更是重要，「山地好，不如心地好」，「欲求藤公之佳成，須積熬敖之陰德」，一個人如果氣勢高亢，處心積慮在對付別人，還希望風水可以幫忙改運，正所謂的「此地若靈，是無天理，此地不靈，是無地理」，倘若一個心術不正的人，是無法藉由風水的力量所改變的，當然我們也發現一些反對風水的朋友，經常嘲笑那些迷信風水的人，這種反對也並不完

全沒有道理，實在是現在有太多的江湖術士為了招徠更多的生意，不惜誇大吹噓，說什麼如果不改風水，影響家中整體運勢，說什麼風水決定人的一切，說什麼風水萬能決定論，甚至國家的命運等等，造成了一般人的恐慌，也將風水的意旨，完全破壞無遺。

在上一本書《鄭雅勻彩色圖解陽宅風水》當中，我們已經介紹了基本的風水觀念，在這本書裡，我們將更以深入淺出的方式，帶各位走進中國古老的智慧，成為新時代的中國風水學，本書可以視為工具書，可以經常活用它，更用以科學與生活的觀點來闡述，進而了解風水的「方、位、氣、運」，有了它，就如同老布希所說的：命運不是運氣，而是選擇，命運不是思想，最重要是去做，命運不是名詞，而是動詞，命運不是放棄，而是掌握。讓我們一起掌握未來，運用空間磁場的力量，使我們的生活更完美，人生活得更精彩！

目錄

第一篇

風水方位學原理

方位學的基本原理

說到方位風水，乃是時間、空間與命運的關係，但中國的五術根本，起源自易經，是中國最具權威，最著名的一部經典，是我們老祖宗智慧的結晶，而漢朝大儒董仲舒以四書五經為文人必修之課程，其中的易經，佔居首位，雖然曾歷經種種的考驗與坎坷，卻依然為我們的文化做出極大的貢獻，表面上看來，易經歸易經，風水歸風水，但實際上，易經是一切術數的根本，論陰陽，論八卦，五行，風水學，占卜，面相，八字都離不開易經。

易經已有五千多年的歷史，講的是理、象、數、占，從方法與形象來看，就是一本專門討論陰陽八卦，八卦被稱為無字天書，但實際上，易經所討論的問題，是運用所謂的一分為二，對立與統一的法則，由於涉及的層面相當的廣闊，也具有神奇與奧妙的科學理論，自古至今，從未被停止討論，不過它卻是我們五術中的一門起源與基礎的經典。

無易經不能談玄學五術，也就是說無八卦不能談五術，而到底什麼叫八卦？在〈繫辭〉中有：「是故易有太極，是生兩儀，兩儀生四象，四象生八

先天八卦

先天八卦在宋朝以前只有八卦與六十四卦，宋朝的學者根據〈說卦〉中的「天地定位，由澤通氣，雷風相薄，水火不相射」而創造出一個先天八卦圖，先天八卦圖的特點：先天八卦圖有順逆之分，即「由一至四，反時針方向，順序為乾一、兌二、離三、震四四卦，乾象徵天在最上方，亦即南方，由五至

卦，八卦生生不息。」在太極尚未有任何劃分，天地混沌時期，因為大到了極點，故稱太極，物極必反，出現了分化，由一變二，形成了兩個對立，如《道德經》所言：「道生一，一生二，二生三，三生萬物，萬物負陰而抱陽，沖氣以為和。」這就是太極，是故陰陽分離，形成了天地之間有陰有陽，陰陽分，兩儀成，陰陽就是天與地，也有人將太陽與月亮比喻成陽與陰，陰陽互環抱，表示陰陽交合，兩儀生四象，是陰陽相重，陰陽交合而致，故古人以四象來象徵四方，也代表一年的春、夏、秋、冬，也就是四時，四象生八卦，實際上也是陰陽相重，陰陽相合而成，四象生八卦，八卦就是八方。

八，順時針方向，順序為巽五、坎六、艮七、坤八，坤代表地，在最下方，亦即南方」。如圖，依方位而言，乾為南方，坤為北方，離為東方，坎為西方，兌為東南方，震為東北方，巽為西南方，艮為西北方，若以具體的自然事象，所代表的是，乾為天，坤為地，離為火，坎為水，巽為風，震為雷，艮為山，兌為澤。

後天八卦

後天八卦，也叫做文王八卦，也是按〈說卦〉中的「帝出乎震，齊乎巽，相見乎離，致役乎坤，說言於兌，戰乎乾，勞乎坎，成言乎艮」。各卦所表示的方位不同，而形成後天八卦，先天八卦是乾坤定南北，離坎定東西，後

乾　巽　兌　坎　離　艮　震　坤

天八卦是坎離定南北，震兌定東西，所以後天八卦數是：坎一、坤二、震三、巽四、中五、乾六、兌七、艮八、離九，所以，其中又以乾坤為父母，震坎艮巽離兌為六子卦，以方位來說，震為東方，巽為東南方，離為南方，坤為西南方，兌為西方，乾為西北方，坎為北方，艮為東北方，這是屬於後天事象的八卦，以乾為父，坤為母，震為長男，巽為長女，坎為中男，離為中女，艮為少男，兌為少女。

八卦是由陰陽組合而成，而易經的基本觀念就是一陰一陽，將天地萬物用陰陽兩個爻來表示，陰爻表示符號是--，陽爻表示符號是一。陰陽符號不僅表現出任何事物都有陰陽兩面，也呈現了萬事萬物皆有矛盾的兩個方面，既矛盾又統一，就像，天為陽，地為陰，日為陽，月為陰，男為陽，女為陰，頭為陽，身為陰，背為陽，胸為陰，腑為陽，臟為陰，正如同所謂的太極圖像：圓形當

中二分陰陽，以白象徵為陽，以黑象徵為陰，但白色部分中有一黑點，黑色部分中有一白點，就如同兩尾魚互相擁抱和合，這也表示一件事物陰中有陽，陽中有陰的觀點。

而先天八卦與後天八卦的關係，是以先天為體，後天為用，用於風水學上，必須更能掌握後天八卦的重要性，而後天八卦的數字與排列方向與洛書相同。

河圖

自宋朝以後，伏羲氏是根據「河圖」畫八卦，在《山海經》上說「伏羲得河圖夏人因之，約《連山》」，相傳在伏羲時代，有龍馬出自黃河，背負河圖，河圖中白點代表陽為天數，黑點代表陰為地數，也就是說，一、三、五、

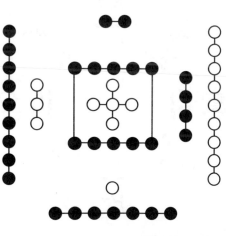

七、九奇數為陽，為天之象，二、四、六、八、十偶數為陰，為地之象，此天地之數各自相合，正是五十有五，正是河圖中的五十五點。這不僅是八卦大衍之數，也是合為五行之數，其中每一個方位都各自有陰陽，沒有孤陰不生，孤陽不長的問題，其口訣為：「一六居北，二七居南，三八居左，四九居右，五十居中」，又「一六合水，二七合火，三八合木，四九合金，五十合土」，這樣天地萬物的金、木、水、火、土五行就產生出來了。

一、三、五、七、九奇數總合為二十五，為天數之合，二、四、六、八、十偶數總和為三十，是地數之合，也就是青囊經的口訣，「天一生水，地六成之，地二生火，天七成之，天三生木，地八成之，地四生金，天九成之，天五生土，地十成之」，每一方位都是一生一成，其中奇數為生數，偶數為成數。

洛書

洛書是相傳在大禹時代，有神龜出自洛水，背上的一幅圖象就是洛書，洛書其「四十五個黑白點圓圈的出處」，是宋人按鄭玄的《乾鑿度》「載九

履一，左三右七，二四為肩，六八為足，五居其中」所造出來的，洛書中的白點為陽，黑點為陰，也是，一、三、五、七、九奇數為陽，為天之象，分佈於東西南北四正及中央，二、四、六、八、十偶數為陰，為地之象，分佈在四角，即為四偶，其中「載九履一，左三右七，二四為肩，六八為足，五居其中」，不管是數字的排列與方位都正好與後天八卦相符。

五行生剋原理：

術數的理論基礎就是五行，五行為金木水火土，不論是命理、風水學、占卜學，都必須了解五行中的生剋，相輔相成，又彼此互相約制，如果想要把握住五術的基礎，那麼五行的對立統一關係，一定要深入研究，變通活用，

「木」具有生發、條達的特性，「火」具有炎熱，向上的特性，「土」具有長養、化育的特性，「金」具有清淨、收殺的特性，五行的相生關係為木生火，火生土，土生金，金生水，水生木，相剋關係為金剋木，木剋土，土剋水，水剋火，火剋金，五行乃採用取象比類的方法，將需要說明的事物或現象，分別歸屬於五行當中，運用五行的屬性基礎，規律解釋說明事物或現象的關聯與變化。

金：金旺得火，方成器皿

金能生水，水多金沉，強金得水，方挫其鋒

金能剋木，木多金缺，木弱逢金，必為坎折

金賴土生，土多金埋，土能生金，金多土變

火：火旺得水，方成相濟

火能生土，土多火晦，強火得土，方止其焰

火能剋金，金多火熄，金弱逢火，必見銷熔

火賴木生，木多火熾，木能生火，火多木焚

水：水旺得土，方成池沼

水能生木，木多水縮，強水得木，方洩其勢

水能剋火，火多水乾，火弱遇水，必不熄滅

水賴金生，金多水濁，金能生水，水多金沉

土：土旺得木，方能疏通

土能生金，金多土變，強土得金，方制其壅

土能剋水，水多土變，水弱逢土，必為淤塞

土賴火生，火多土焦，火能生土，土多火晦

木：木旺得金，方成棟樑

木能生火，火多木焚，強木得火，方成其頑

木能剋土，土多木折，土弱逢木，必為傾陷

木賴水生，水多木漂，水能生木，木多水縮

八卦也有五行所屬，震為木，巽為木，離為火，坎為水，坤為土，艮為土，乾為金，兌為金，相生相剋，像陰陽一樣，是事物不可以分割的兩個方面，沒有生就沒有事物的發生與成長，沒有剋，就不能維持事物的發展和變化中的平衡與協調，因此沒有相生就沒有相剋，沒有相剋就沒有相生，在風水

上，更運用五行的性質，來達到趨吉避凶的目的。

天干地支：

十天干：甲、乙、丙、丁、戊、己、庚、辛、壬、癸。

十天干也分陰陽，「甲、丙、戊、庚、壬為陽」，「乙、丁、己、辛、癸為陰」，五行各一陰一陽，故有十日。

十干五行：

甲乙同屬木，甲為陽木，乙為陰木。

丙丁同屬火，丙為陽火，丁為陰火。

戊己同屬土，戊為陽土，己為陰土。

庚辛同屬金，庚為陽金，辛為陰金。

壬癸同屬水，壬為陽水，癸為陰水。

十干方位：

甲乙東方木，丙丁南方火，戊己中央土，庚辛西方金，壬癸北方水

十干配五季：

甲乙屬春，丙丁屬夏，戊己長夏，庚辛屬秋，壬癸屬冬

十干配外五行內五行：

十干配**身體**：甲為頭，乙為肩，丙為額，丁齒舌，戊己鼻面，庚為筋，辛為胸，壬為脛，癸為足。

十干配臟腑：

甲膽，乙肝，丙小腸，丁心，戊胃，己脾，庚大腸，辛肺，壬膀胱，癸腎，單為腑，雙為臟。

十天干化合：

甲己合化土，乙庚合化金，丙辛合化水，丁壬合化木，戊癸合化火。

十二地支：子、丑、寅、卯、辰、巳、午、未、申、酉、戌、亥。

其中子、寅、辰、申、戌為陽，丑、卯、巳、未、酉、亥為陰。

十二地支配五行：

寅卯屬木，寅為陽木，卯為陰木。

巳午屬火，午為陽火，巳為陰火。

申酉屬金，申為陽金，酉為陰金。

子亥屬水，子為陽水，亥為陰水。

辰戌丑未屬土，辰戌為陽土，丑未為陰土。

十二地支配方位：

寅卯東方木，巳午南方火，申酉西方金，亥子北方水，辰戌丑未四季土，辰、戌、丑、未在每個季度的最後一個月，故為四季土。

十二支配四季：

寅卯辰為春，巳午未為夏，申酉戌為秋，亥子丑為冬。

十二支配臟腑：

寅為膽，卯為肝，巳為心，午小腸，戌辰胃，丑未脾，申大腸，酉肺，亥

腎，子膀胱。

十二支六合化合：

子與丑合化土，寅亥合化木，卯戌合化火，辰酉合化金，巳申合化水，午與未合，午為太陽，未為太陰，合而為土。

十二支三合局：

申子辰合化水，亥卯未合化木，寅午戌合化火，巳酉丑合化金。

十二相沖：

子午相沖，丑未相沖，寅申相沖，卯酉相沖，辰戌相沖，巳亥相沖，相沖就是對沖，從八卦圖就可以清楚的知道，午為火在南，子為水在北，卯為木在東，酉金在西，都是處在相對位置。

十二相害：

子未相害，丑午相害，寅巳相害，卯辰相害，申亥相害，酉戌相害。

22

十二相刑：

子刑卯，卯刑子，寅刑巳，巳刑申，申刑寅，丑刑未，未刑戌，戌刑丑，辰午酉亥為自刑。

月份與節氣：

二十四節氣是一個統稱，實際上是十二個節加十二個氣。

節：立春、驚蟄、清明、立夏、芒種、小暑、立秋、白露、寒露、立冬、大雪、小寒。

了解天干與地支，天干為十進制，原是記日的工具，地支是十二進制，原為記月的工具，天干與地支組合，成為六十組干支，記錄所有的年月日時，在風水上天干地支是時間和方位的標示，就時間日期標示來說，國曆是世界公用的，農曆是以正月初一為歲首，而易曆的歲首就是立春，命理風水以易曆為主，除了干支並存之外，並以子時為一天之始，而傳統風水也是將天干地支劃分為八大方位，二十四山，因此必須先熟悉干支，以便於日後學習風水上的一門技術。

氣：雨水、春分、穀雨、小滿、夏至、大暑、處暑、秋分、霜降、小雪、冬至、大寒。

其口訣為：

春雨驚春清穀天　夏滿芒夏暑相連

秋暑露秋寒霜降　冬雪雪冬寒又寒

而每經過一節一氣就是一個月份。

三元九運：

西曆每一百年稱為一個世紀。

中國的甲子算法，是十進位與十二進位的結合，十與十二的最小公倍數為六十，因此以六十為一個循環，而中國曆法使用的制度稱為「三元九運」，而風水的計算也是採用這個制度，一個花甲子就是六十年，因此我們非常注重六十年，每三個六十年，就稱為三元，一共一百八十年，這是一個大運，依風水來說，每一百八十年，歷史就有一個類似的循環，這三元分

24

為上元、中元、下元，每二十年為一運，故一百八十年就共有九運，即上元有三運，中元有三運，下元也有三運，風水學的吉凶計算，在時間上依據三元九運，每元每運每年的吉凶方位，都會發生變化。

八卦方位與二十四山：

在風水學上，東、西、南、北為四正，為四個主要的方位，然後再分成東南、東北、西北、西南為四偶，但陽宅風水以乾、坎、艮、震、巽、離、坤、兌八個，因此又稱為八卦方位。

八卦方位的每一個方位為四十五度，因此角度一共為360度，除了八卦方位外，在配合八天干與十二地支，將其分為二十四個方位，也就是二十四山，每一卦各包含三山，統稱為八卦二十四山。

每一個所代表的方位與天干地支如下：

乾：西北方，戌乾亥

八卦二十四山周天度數：

坎：北方，壬子癸
艮：東北方，丑艮寅
震：東方，甲卯乙
巽：東南方，辰巽巳
離：南方，丙午丁
坤：西南方，未坤申
兌：西方，庚酉辛

坎卦（22.5度～337.5度）：
　　壬山：337.5～352.5度
　　子山：352.5～7.5度
　　癸山：7.5～22.5度
艮卦（67.5度～22.5度）：
　　丑山：22.5～37.5度
　　艮山：37.5～53.5度
　　寅山：52.5～67.5度
震卦（112.5度～67.5度）：
　　甲山：67.5～82.5度
　　卯山：82.5～97.5度
　　乙山：97.5~～112.5度
巽卦（157.5度～112.5度）：
　　辰山：112.5～127.5度
　　巽山：127.5～142.5度
　　巳山：142.5～157.5度
離卦（202.5度～157.5度）：
　　丙山：157.5～172.5度
　　午山：172.5～187.5度
　　丁山：187.5～202.5度

坤卦（247.5度～202.5度）：

　　未山：202.5～217.5度

　　坤山：217.5～232.5度

　　申山：232.5～247.5度

兌卦（292.5度～247.5度）：

　　庚山：247.5～262.5度

　　酉山：262.5～277.5度

　　辛山：277.5～292.5度

乾卦（337.5度～292.5度）：

　　戌山：292.5～307.5度

　　乾山：307.5～322.5度

　　亥山：322.5～337.5度

八卦與實物對應代表關係：

掌握對應關係越多，了解含意越深，就能更精準的判斷，八卦就是有八組不同的意義，只要暫時了解以下的資料，將來在預測風水學的應用時，就可以知道其中奧妙之處

一乾卦：五行為金，卦數為一

乾宮八卦：乾為天，天風姤，天山遯，天地否，風地觀，山地剝，火地晉，火

天大有（八卦皆屬金）。

徵象：天。

天時：主天，日，冰。

六親：代表君父，名人，父親，家長，老人，上司。

地理：西北方，高樓層，高原，大郡。

人事：剛健武斷，果決，好動不好靜，堅毅。

身體：主頭、骨、肺、整個呼吸系統。

時序：主秋天，九十月之交，天干地支屬金年月日時（即庚、辛、申、酉、如庚年辛月申日酉時等）。

動物：馬，獅子，猴，雞，天鵝。

靜物：金銀珠寶，鏡，冠，主圓形物體。

屋舍：公所，旅館，飯店，西北方的樓房，高樓大廈，陽台，公廁。

家宅：春占吉利，夏占有禍，秋占興隆，冬占冷落。

婚姻：秋天結婚有利，夏冬不利，和有聲望的世家結親。

飲食：主果實，辛辣食物，醃肉，腦，骨頭，肺。

生產：主容易，秋占生貴子，夏占有刑傷，宜向西北。

求名：主名氣，掌權，武職榮身，掌財政軍權，執法者，宜向西北。

求利：秋天大利，夏天損財，冬天平平，主得金銀財寶玉石之利。

交易：夏天不利，宜金銀珠寶玉石買賣，可成。

出行：主吉利，宜往首都，利西北方，夏天不利。

謁見：主利貴人，聖人，有德行之人。

疾病：頭面之疾，主肺病，筋骨病，上焦之疾。

官訟：有貴人扶持，秋天可勝，夏天敗訴。

五色：主黑色，深紅色。

五味：主辛辣。

數目：一四九。

二兌卦：五行為金，卦數為二

兌宮八卦：兌為澤，澤水困，澤地萃，澤山咸，水山蹇，地山謙，雷山小過，雷澤歸妹（八卦皆屬金）。

徵象：澤。

天時：主雨，星，新月。

六親：代表少女，妾，歌妓，議人，巫師。

地理：西方，澤，水際，缺地，廢井，山崩地裂之地。

人事：喜悅，口舌，飲食，毀謗。

身體：主舌、口、肺、痰、涎。

時序：主秋八月，天干地支屬金年月日時，二四九數月日。

動物：主羊，澤中之物。

靜物：金刃，金器，樂器，廢物。

屋舍：戶有損，敗牆壁宅，向西方的樓房，近澤知居。

家宅：主不安，防口舌，秋占喜悅，夏占家宅有禍。

婚姻：不利，秋天結婚可成，利未婚少女，夏日不利。

飲食：主羊肉，澤中之物，辛辣食物。

生產：主不利，夏天不利，恐有損胎，或生女，宜向西。

求名：主難成，因名有損，利西之任，宜刑官，武職，譯官。

求利：無利有損，主口舌，夏日破財，冬日有財。

交易：主難成，夏天不利，防口舌，有競爭，秋占有交易之喜。

出行：不宜遠行，防口舌或損失，利西方，秋天宜行有利，夏天不利。

謁見：主行西方見，主咒詛。

疾病：口舌咽喉之疾，氣逆喘急，飲食不潔。

官訟：主爭訟不已，曲直未決，因公有損，秋天得理勝訟。

五色：主白色。

五味：主辛辣。

數目：二四九。

徵象：火。

三‧離卦：五行為火，卦數為三

離宮八卦：離為火，火山旅，火風鼎，火水未濟，山水蒙，風水渙，天火同人

（八卦皆屬火）。

天時：主日，電，霞。

六親：代表中女，目疾人，文人，文士。

地理：南方，其地向陽，剛燥厥地，乾兊之地。

人事：文畫之所，聰明才學，相見虛心，書事。

身體：主目、心、上焦。

時序：主夏五月，天干地支屬火年月日時，三二七日。

動物：主雉，龜，鱉，螺，蚌。

靜物：主火，乾燥之物，書，干戈，赤色之物。

屋舍：陽明之宅，南舍之居，明窗，虛室。

家宅：主安穩，平善，冬天不安，火災。

婚姻：不利，夏日結婚可成，冬天不利。

家宅：主雉肉，煎炒，燒炙食物，乾脯之物。

生產：主容易，冬天不利，恐有損胎，或生中女，宜向南。

求名：主有利，因文書有財，利南之任，冬天有失。

求利：可成，夏日進財，冬日損財。

交易：主可成，宜有文書之交易。

出行：宜遠行，利文書之行，宜南方，冬天不宜行，不宜行舟。

謁見：主行南方見，秋見文書教案人士。

疾病：主目疾，心疾，上焦，熱病，夏日伏暑，時疫。

官訟：主易散，文書動，辭訟明辯。

五色：主赤，紅，紫色。

五味：主苦。

數目：三三七。

四震卦：五行為木，卦數為四

震宮八卦：震為雷，雷地豫，雷水解，雷風恆，地風升，澤風大過，澤雷隨

（八卦皆屬木）。

徵象：雷。

天時：主雷。

六親：代表長男。

人事：主起動，怒，多動少靜，虛驚，鼓噪。

地理：主東方，竹林草木茂盛之所，樹木，鬧市。

身體：主足、肝、髮、聲音。

時序：主春三月，天干地支屬木，卯年月日時，四三八日。

動物：主龍，蛇。

靜物：主木竹，木樂器，花草繁鮮之物。

屋舍：山林之處，主向東之宅，閣樓。

家宅：春冬天吉，秋天不利，主宅中不時有虛驚之事

婚姻：主可有成，聲名之家，秋日不宜成婚，利長男成婚。

飲食：主蹄、肉、山林野火，鮮肉食物，菜蔬，果酸味。

生產：主虛驚，胎動不安，頭胎必生男，秋占有損，宜東向。

求名：主有利，發號施令之職，利東方之任，掌刑獄之官，有茶竹木稅課之

　　　任，或鬧市司貨之職。

求利：可成，夏日進財，冬日損財。

交易：主可成，動中求財，宜山林竹木之交易。

出行：宜遠行，利文書之行，宜南方，冬天不宜行，不宜行舟

謁見：利山林之人，主宜向利東方，秋不宜行，恐虛驚。

疾病：主足疾，肝經之疾，驚怖不安。

官訟：有虛驚，主健訟，行移取勘反覆。

五色：主青，綠，碧色。

五味：主酸。

數目：四八三。

五巽卦：五行為木，卦數為五

巽宮八卦：巽為風，風天小畜，風火家人，風雷益，天雷無妄，火雷噬嗑，山雷頤，山風蠱（八卦皆為木）。

徵象：風。

天時：主風。

六親：代表長女，秀士，山林仙道之士，寡婦。

地理：主東南方之地，竹林草木茂秀之所，花果菜園。

人事：主柔和，不定，鼓舞，進退不果，利市三倍。

身體：主肱骨、氣、風疾。

時序：主春夏之交，三五八之月日時，三月，辰巳年月口時，四月。

動物：主雞，山林中禽蟲。

靜物：主木香，繩，直物，長物，竹木，工巧之器。

屋舍：主山林之處，主向東南之宅，寺觀樓園。

家宅：春天吉，秋天不利，主宅中安穩利市。

婚姻：主可有成，秋日不宜成婚，利長男成婚。

飲食：主雞肉，山林之味，菜蔬，酸味。

生產：主易生，頭胎必生女，秋占損男，宜向東南。

求名：主有利，宜文職有風憲文力，宜茶課竹木稅貨之職，利東南方之任。

求利：可成，有利三倍，宜山林之利，秋天不進財，竹茶木貨之利。

交易：主可成，宜山林竹木之交易，進退不一。

出行：主可行，有出入之利，宜向東南方，秋天不宜行。

謁見：主可見，利見山林之人，利見文人秀士。

疾病：主肱骨之疾，風疾，腸疾，中風，寒邪，氣疾。

官訟：主宜和，恐遭風憲之責。

五色：主綠，碧色。

五味：主酸。

數目：五八三。

六坎卦：五行為水，卦數為六

坎宮八卦：坎為水，水澤節，水雷屯，水火未濟，澤火革，雷火豐，地火明夷，地水師（八卦皆屬水）。

徵象：水。

天時：主雨，月，雪，霜，露。

六親：代表中男，舟人，盜賊，江湖人士。

地理：主北方之地，江湖，溪澗，泉井，卑濕之地。

人事：主險陷卑下，內序以利，漂泊不成，隨波逐流。

身體：主耳、血、腎。

時序：主冬季十一月，子年月日時，一六之月日。

動物：主水中之物，魚，蝦。

靜物：主水帶子，帶核之物，弓輪嬌柔之物，酒器水具。

屋舍：主向北之宅，近水，水閣，江樓，宅中濕地之處。

家宅：家宅不安，暗昧，防盜。

婚姻：主利中男之婚，宜北方求姻緣，不可婚為辰戌丑未月。

飲食：主豬肉，酒，冷味，羹湯酸味，水中之物，帶核之物，多骨之物，海味。

生產：主難產有險，宜次男，中男，辰戌丑未月有損，宜向北。

求名：主艱難，恐有災陷，魚鹽河泊之職，酒兼醋，利北方之任。

求利：主財失，宜水邊之財，恐有失陷，宜魚鹽酒貨之交易，防盜。

交易：主不利成交，宜水邊之財，恐有失陷，宜水邊交易，防盜。

出行：主不宜遠行，宜涉舟，防盜，恐遇險阻陷溺之事。

謁見：主難見，利見江湖之人，或部首姓氏為水部者。

疾病：主耳疼，心疾，感寒，腎疾，胃冷水瀉，固冷之病，血病

官訟：主不利，有陰險，有失困訟，失陷。

五色：主黑色。

五味：主鹹酸。

數目：一六。

七艮卦：五行為土，卦數為七

艮宮八卦：艮為山，山火賁，山天大畜，山澤損，火澤睽，天澤履，風澤中孚，風山漸（八卦皆屬土）。

徵象：山。

天時：主雲，山，霧，嵐。

六親：代表少男，閑人，山中人。

地理：主東北方之地，近山城，丘陵，墳墓之地。

人事：主阻隔，守靜，進退不決，反背，不見，止住。

身體：主手指、骨、鼻、背。

時序：主春冬之月，十二月，丑寅年月日時，七五十數之月日。

動物：虎、狗、鼠，百獸。

靜物：主土石，瓜果，黃物，土中之物。

屋舍：主向東北之宅，近路之宅，山居近石。

家宅：家宅安穩，諸事有阻，家人不睦，春日不安。

婚姻：主阻隔難成，成婚亦遲，利少男之婚，宜東北方求姻緣，春日不利。

飲食：主野味，謀獸之肉，木畔竹筍之屬，土中之物。

生產：主難產有險阻之厄，宜向東北，春日有失。

求名：主艱難，阻隔無名，宜土官山城之職，利東北方之任。

求利：主求財阻隔，宜山中取財，恐有失陷，春日不利有損失。

交易：主不利成交，宜山林填土之交易，春日有失。

出行：主不宜遠行，有阻礙，宜近陸行。

謁見：主難見，有阻，利見山林之人。

疾病：主手指之病，脾位之疾。

官訟：主貴人阻礙，未訟未解，牽連不決。

五色：主黃色。

五味：主甘。

數目：五七十。

八坤卦：五行為土，卦數為八

坤宮八卦：坤為地，地雷復，地澤臨，地天泰，雷天大壯，澤天夬，水天需，

水地比（八卦皆屬土）。

徵象：地。

天時：主陰天，霧氣，冰，霜雪。

六親：代表母親，繼母，村民，農夫農婦，老婦人，大腹人。

地理：主西南方之地，田野，鄉郊，平地。

人事：主小人，溫柔順從，懦弱，吝嗇。

身體：主脾胃、腹部、肌肉。

時序：主丑未辰戌巳年月日時。

動物：主牛，馬，百獸。

靜物：主柔暖之物，四形之物，布帛，絲棉，瓦器，五穀，斧。

屋舍：主西南之宅，村居，田舍，矮屋，土階，倉庫。

家宅：家宅安穩，多陰氣，春季家宅不安。

婚姻：主吉利，鄉村之家，寡婦之家，稅產之家，春季不利。

飲食：主牛肉，芋，腹臟之物，五穀之味，野味，土中之物（馬鈴薯），甘味（人參）

生產：主容易，但春天難產，刑剋有損，不利母親，利西南方。

求名：主得名，宜往西南方，教官，農官守土之職，春日主虛名。

求利：主可得，宜往西南方，春日主不安。

交易：主利成交，宜田土交易，宜五穀交易，重物，布帛，靜中求財，春日主不易。

官訟：主理順，得眾情，訟當解散，和解。

疾病：主婦疾，脾胃病，飲食停傷，穀食不化。

謁見：主可見，利見家鄉之人，宜見親朋，但春不宜見。

出行：主可行，宜西南方，宜往鄉里行，宜陸行，春天不宜出門。

五色：主黃，黑色。

五味：主甘。

數目：五八十。

二、勘查陽宅方法

一般來說，判別住家的品質好壞，在陽宅學中分內六事與外六事，內六事談的是：住家內部格局的擺設，包含大門的顏色方位、客廳沙發與財位的布置、主臥房的床位房門、廚房位置、爐灶的座向、神桌與祖先牌位的位置、書房的位置、衛浴等等，當然還得考慮樓梯、窗戶、顏色、天花板、地板……等等，而外六事指的是：山脈的走向、河川的方向、住家外的高樓大廈、電線桿、池塘、橋、道路、水溝、寺廟、教堂、公園、鄰居的好壞等等，都是必須勘查的重點。另外一般的住家外的生活機能、空氣品質、交通的情形、噪音、四周的環境、治安情形、採光是否良好、通風、土地的品質、地勢……等等也是我們觀察的重點。

三、風水派別

在風水學當中，形學與理氣是一樣重要的，理氣講的是方位不同，能量不同，時間不同，其結果也不會一樣，主要討論的是配合運用先後天八卦砂法與河圖洛書中不同能量的形式所得的結果，可以掌握天時，而形學又稱為巒頭學，形學談的是眼睛可以看到的，這裡說的形，並不單指的形狀，只要是一切可以看到的，由實體構成的位置結構，高低、進退、實空動靜都可以以形學原理來做為根據，勘輿之道，主要就是巒頭無理氣不靈，理氣無巒頭不準。

而理氣當中，又以「八宅風水學」與「玄空風水學」最常使用，八宅風水是以八個星為計算，主要講的是人命配卦，一個人一個命卦，每個命卦各有四吉方與四凶方，四吉星為生氣貪狼木，天醫巨門土，延年武曲金，伏位輔弼木，四凶星為絕命破軍星，五鬼廉貞星，六煞文曲星，禍害祿存土。而玄空風水是以九星來做計算，即一白星、二黑星、三碧星、四綠星、五黃星、六白星、七赤星、八白星、九紫星，命卦除了八宅法也適合玄空風水學，九星源於易理的四象與八卦，九星的產生與吉凶的原理，可以用卦數相加法，陰陽生剋

法，翻卦法與陰陽老少法來加以說明，而九星在各風水流派都有使用。

以下我們簡單的教大家八宅法，主要是理論簡單，而實用上，陽宅內六事的布置、擺設，就可以依八卦的生剋，再根據各人的命宮及房子的座向，來分辨磁場的好壞，在上一章節我們提到大自然一切生物皆有它自身的五行，包括人也有五行之分，風水也一樣，可以運用五行的生剋制化，來達到趨吉避凶的目的。

四、八宅派的基本概念

看房子適合不適合居住，最常用的就是八宅相法，八宅法將人分為東四命（坎震巽離四卦命）與西四命（艮坤兌乾四卦命），將房屋分成東四宅（坎宅震宅巽宅離宅）與西四宅（艮宅坤宅兌宅乾宅），東四命的人要住東四宅，西四命的人要住西四宅，這叫做宅命相配，如果東四命的人住了西四宅，那就宅命不相配，東四宅在五行當中，是屬於水木相生與木火相生，西四宅則是土金相生，請注意在判斷東西宅的時候，一定要分清楚座與向的區別，座就是家宅座落的方位，向一般來說指的是門向，決定座向的方法有很多種，以屋立向、以採光立向、以大門立向、門路立向等等。

了解了宅命相配的道理，那麼我們就教大家如何推算命卦，如此才能找出適合自己的房屋座向。

以西元年為主

男命算法：以100減去出生的年份，然後除以九，所得之餘數，就是命卦。

例如：

西元1956年出生的男生：

100－56＝44

44÷9＝4……餘數是八

女命算法：以出生年加上五，再除以九，所得的餘數就是命卦

西元1956年出生的女生：

56+5＝61

61÷9＝6……餘數是七

餘數為一、三、四、九為東四命

餘數為二、五、六、七、八為西四命

一：坎命：東四卦，坎宅，房屋座向為：座北向南

二：坤命：西四卦，坤宅，房屋座向為：座西南向東北

三：震命：東四卦，震宅，房屋座向為：座東向西

四：巽命：東四卦，巽宅，房屋座向為：座東南向西北

五：（男）坤命：西四卦，坤宅，房屋座向為：座西南向東北

　　（女）艮命：西四卦，艮宅，房屋座向為：座東北向西南

八宅四吉星：

六：乾命，西四卦，乾宅，房屋座向為：座西北向東南

七：兌命，西四卦，兌宅，房屋座向為：座西向東

八：艮命，西四卦，艮宅，房屋座向為：座東北向西南

九：離命，東四卦，離宅，房屋座向為：座南向北

1 生氣：按字面上來說，就是有朝氣，有活力，有發展，屬於陽木，生氣貪狼木星，生氣是第一個大吉星，是北斗七星的天樞星，主有五子可催官富貴，大旺人丁，臨坎離震巽為得位最吉，臨在乾兌金反主不吉，應在甲、乙、亥、卯、未的年、月、日、時，這些都是木旺之期。

2 天醫：指的是天然的良醫，屬於陽土，天醫巨門土，凡得天醫者，家無疾病，富有千金，為北斗七星中的天璇星，能夠促進家庭融洽，臨在乾兌艮坤叫得位，主吉利，是第二大吉星，應在戊、己、辰、戌、丑、未的年、月、日、時，是土旺之期。

3 延年：延年武曲星，是第三吉星，屬陽金，指的是延長壽命，主中富，

夫妻和睦，大利感情，為北斗七星中的開陽星，臨乾兌艮坤坎，都是得位吉，在離卦主凶，在震巽為外戰減吉，應在庚、辛、巳、酉、丑的年、月、日、時，是金旺之時。

4 伏位：

為左輔星和右弼星，是第四吉星，五行屬陰木，是附屬在北斗七星的兩顆小星，半吉半凶，真正的吉星只有三個，生氣、天醫、延年，主生性慈祥，一生無口舌是非，臨離震坎巽叫得位主吉，在乾兌為內剋主凶，在坤艮是外戰減吉，應在甲、乙、亥、卯、未的年、月、日、時，是木旺之時。

八宅四凶星：

1 絕命：

指的是沒有生命跡象，有血光之災，盜賊之星，凡互剋的叫做「絕命」，為絕命破軍星，為第一凶星，屬陰金，北斗七星中的搖光星，乾逢離，火剋金，震逢兌，金剋木，坤逢坎，土剋水，艮逢巽，木剋土，都為絕命，應在庚、辛、巳、酉、丑的年、月、日、時，是金旺之時。

2 五鬼：

指的是鬼魅眾多，口舌，官非，車禍，為五鬼廉真，為陰火，為

北斗七星中的天恆星，為第二凶星，乾與震，金剋木，兌與離，火剋金，坤與巽，木剋土，艮與坎，土剋水，互為五鬼，應在丙、丁、寅、午、戌屬火的年、月、日、時，是火旺之期。

3 六煞：

指的是眾多的邪惡力量親剋之意，外遇，疾病，口舌，水災，夫婦配成命卦為六煞陽水，又叫文曲屬水星，兌與巽，坎與坤，震與艮，離與坤互為「六煞」，為第三凶星，應在壬、癸、申、子、辰的年、月、日、時，是水旺之期。

4 禍害：

指的是災害意外降臨之意，疾病，退財，口舌是非，為第四凶星，又叫做祿存，祿存土，屬陰土，為北斗七星中的天機星，乾與巽，金剋木，坤與震，木剋土，艮與離，洩方，兌與坎，洩方，應在戊、己、辰、戌、丑、未的年、月、日、時，是土旺之時。

在陽宅的運用當中，只要了解四吉星與四凶星，充分的靈活運用，就可以趨吉避凶，改善一些問題，千萬不要被這些凶星的名詞給嚇住了。

四吉星與四凶星與陽宅的搭配運用

1、凡是要求財生子，催官出貴，可利用生氣方位

2、凡是要延年益壽，追求姻緣，可利用延年方位

3、凡是要袪病除災，可以利用天醫方位

4、凡是疾病死亡，一般都是犯絕命方位

5、凡是官訟口舌，一般都是犯五鬼方位

6、凡是爭鬥仇殺，退財，一般都是犯禍害方位

7、凡是退財，姻緣不順，一般都是犯六煞方位

8、四吉星方位，適合開門方位，安床

9、四凶星方位，適合爐座、廁所、倉庫

知道自己的命卦後，接下來要知道「本命」的四吉方與四凶方，以下八宅的吉凶方位圖：

東 五鬼	東南 禍害	南 絕命
東北 天醫	乾	西南 延年
北 六煞	西北 伏位	西 生氣

東北 延年	東 絕命	東南 六煞
北 禍害	兌	南 五鬼
西北 生氣	西 伏位	西南 天醫

三離宅（座南向北）

西北 絕命	北 延年	東北 禍害
西 五鬼	**離**	東 生氣
西南 六煞	南 伏位	東南 天醫

四震宅（座東向西）

西南 五鬼	西 六煞	西北 禍害
南 天醫	**震**	北 生氣
東南 伏位	東 延年	東北 絕命

西 六煞	西北 禍害	北 生氣
西南 五鬼	**巽**	東北 絕命
南 天醫	東南 伏位	東 延年

東南 生氣	南 延年	西南 絕命
東 天醫	**坎**	西 禍害
東北 五鬼	北 伏位	西北 六煞

七艮宅（座東北向西南）

南 禍害	西南 生氣	西 延年
東南 絕命	艮	西北 天醫
東 六煞	東北 伏位	北 五鬼

八坤宅（座西南向東北）

北 絕命	東北 生氣	東 禍害
西北 延年	坤	東南 五鬼
西 天醫	西南 伏位	南 六煞

簡易陽宅風水勘查法：

測量風水的方法有很多種，一般初學者尤其要小心謹慎，曾經有一次去一位朋友家測量方位，原為午山子向，但因為他在購買的過程中也請了其他的風水去看過，那位老師卻將他看成子山午向，完全反向，那麼所有的吉凶方位都會倒過來，而且依錯誤的方位而得到的結果，就像醫生不了解病症，胡亂開藥，結果反而更糟，還不如不要了解比較好，還有一些朋友，看了一些報導，自己也依樣畫葫蘆，僅了解左青龍，右白虎，前朱雀，後玄武，也不管所謂的方位，就侃侃而談，僅看到了形象，就所謂的有形就有煞，這些都是非常膚淺的看法，以下介紹大家使用的方法，只要照著步驟，多練習幾次，相信就可以把握其中的關鍵。

1、**從地圖上了解**：目前網路上都有一些尋求住家附近的山川走勢，河水流向，街道位置，或者是一些特殊的地形，如果可以事前觀察清楚，那麼就可以避免周圍建築物的遮擋，而遺漏了一些重要的部分。

2、**實地觀察**：在進入屋內時，必須在現場留意住宅外的形勢，也就是必須在建築物的周圍充分了解，例如，屋外有沒有路沖，有沒有電線桿，醫院等

等，再來了解它可能有的影響。

3、**求房屋的屋向與宅位：**很多人不了解方位如何求測，一般來說，屋向與宅位是兩個不同的名詞，這兩個也代表兩個不同意義的方位，換句話說，這兩個不相同的意義方位，可以造成屋宅的影響力。

屋向：指的是屋宅位於地球南北軸時，所處的方向為何方向，其測量的方法，可以使用指南針或羅盤在房屋的採光面，也就是有人以落地窗為主的那一面，決定它的向位，這就是屋向。

宅位：以屋宅中心點進入與該屋內進出口的連線，也可以說是基地的方位座向，一般來說，會是在大樓樓下的位置做測量。

4、**畫出屋宅與隔間平面圖：**如果是正在推出的預售屋，或是新建中房子，一般來說都會有現成的平面圖可以參考，拿到平面圖後，最好能夠有正確

的比例標準，這樣才能清楚的對照，有些朋友自己畫一畫，客廳沙發畫得比臥室的床要大，然後再來談方位，這樣是完全沒有辦法做判定的，如果是比較舊的住宅，那麼自己在畫平面圖的同時，更要注意正規的比例算法。

平面圖可以了解屋內的擺設，還有基地的形狀、對外的形勢，當然屋外的整個形勢也可以透過立體圖，還有俯瞰圖來了解，視需要而定，以下是比較常見的兩種平面圖：

一般的平面圖：住家內的格局，包含內部擺設，只要跟家中風水有關的東西，臥室的位置、床鋪、餐廳、餐桌、廚房、流理台、爐灶、衛浴、馬桶、化妝台等等，甚至窗戶、房間門的出入口，都要清楚的註記。

社區的平面圖：這是比較大方向的，通常可以看到社區的形態，規劃，還有基地的平面是否方正工整。

5、**找出房屋中心點**：要找出房子的中心點，那麼就必須認識什麼為陽宅的缺與滿，缺與滿又分為形式與實質的意義，形式就是基地的形狀，房屋的平面形狀，缺就是建地凹進去的部分，滿就是建地突出來的部分，家相學當中以缺滿代替凹凸，而實質上的意義，範圍就大很多，影響得也很廣，缺

58

舉例說明中心點求法如下：

滿的計算方式如下：缺之所在，不能超過房屋平面直線的三分之一，滿之所在，則以其所在的房屋平面的直線超過三分之一以上。

1、不論是長方形或是正方形，就以兩條對角線的焦點為中心的位置。

2、無論何種造型的建築，都必須將超出和缺失的部分，做一個均衡的調整，也就是將缺與滿加以平均之後，再從四個對角畫直線，相交於一點，這才是中心點，也就是平均中心點，這點非常重要。

3、在平面圖上標示八大方位：通常有了平面圖，也定出了中間點，那麼接下來就可以使用羅盤或是指南針定出方位，站在屋內的中心點做一個測量，測量完成依圖將房子的座向標示清楚，也要清楚標示八大方位，再仔細一點也可以將二十四山標示出來，如果要仔細測量，一般來說，會使用羅盤，也稱羅經，羅盤多以紅色為主，也有象徵吉利的意味，羅盤對磁力相當敏感，如果沒有使用時，一定要平放在櫃子裡，不可以受到其他金屬、磁鐵等帶磁性的物質干擾，否則準確性會降低，主要的作用是可以透過這八大方位來了解屋內方位的吉凶。

4、宅命相配：可以利用流年的九宮飛星，推斷各種吉凶事情，亦可以搭配各人的出生年、月、日、時，用命卦的喜忌變化配合風水理數做為風水佈局定位的準則。

5、改善：勘查完成之後，就可以根據問題做一個風水的改造，看是由室內布置來進行風水改造，或是用法器（風水工具）來做一番調整，當然在做這些的同時，必須配合一個好的時辰來進行修改，更可以使家人吉祥如意，財運亨通，身體健康。

一般來說，要找到一間盡善盡美的好房子並不是一件容易的事情，很難盡如人意，歲月相見，禍福自分，就例如，一個人本來就有宿疾，不容易痊癒，陽宅煞氣若已在體內形成，一旦納氣修改易動後，是否能將該毛病馬上消除呢？答案當然是不可能，因為煞氣的累積，並非一朝一夕，而是經年累月累積下來形成的習慣，習慣在不知不覺當中，引入好的磁場或是不好的磁場，修改後只能自此切斷煞氣因緣，不會被宿疾所苦，但還是得尋求醫生的協助方為正途，而修改後所引進的吉氣又不一樣，想要完全改變命運實在不太容易，有時目前雖然是吉，也許在若干年後，也可能又有其他煞氣形成，有好有壞，分陰分陽，萬事萬物俱然，因此風水很難面面俱到，只要住宅納

氣吉，任何人、任何八字的人來住，都可以催住平安的。

財位的求法：

財位宜靜不宜動，因此一般來說一進大門的左邊或右手邊它的對角線就是財位，因為它可以形成一個聚氣的角落，有聚財的意味，可以在這裡放一些開運招財的物品，就可以招財，其實這樣的方法比較粗糙，但也有其他適用的地方，因此一般初學者，僅必須將財位保持清潔乾淨即可，以下以座山找到財位。

乾宅（座西北朝東南）：財位在東、西南方

兌宅（座西朝東）：財位在西南、北方

離宅（座南朝北）：財位在東、西南方

震宅（座東朝西）：財位在北、東南方

坎宅（座北朝南）：財位在東南方

巽宅（座東南朝西北）：財位在東南方

艮宅（座東北朝西南）：財位在西方

坤宅（座西南朝東北）：財位在北方

文昌位求法：

上本書中我們提到個人的文昌位求法，這本書我們將以宅向來找出文昌位，文昌對於正在求學中的孩子，可以加強孩子的學習力，也非常適合正要考試的就業人士，只要在此方位讀書，或是利用一些風水佈局擺設，將文昌位的好運催起，更可以活化頭腦的細胞，使讀書事半功倍，當然如果把一些不好的東西隨意的擺在文昌位，或是文昌位正好在廁所，那麼讀書將勞而無獲，也會使成績受到影響。

乾宅（座西北朝東南）…文昌位在東方

兌宅（座西朝東）…文昌位在西南方

離宅（座南朝北）…文昌位在南方

震宅（座東朝西）…文昌位在西北方

坎宅（座北朝南）…文昌位在東北方

巽宅（座東南朝西北）…文昌位在西南方

艮宅（座東北朝西南）…文昌位在北方

坤宅（座西南朝東北）…文昌位在西方

桃花位的求法：

好的桃花位，是人生最大的幸福，不好的桃花位，則會對身心產生重大的傷害，桃花位指的是男女之間的感情、夫妻關係、人際關係、好的人緣，以下我們將利用八宅風水的基本，找到房屋的桃花位，桃花位沒有分吉凶，但要看用何種方法來催動，如果遇到不理想的桃花，也可以利用桃花位做一個趨吉避凶的化解。

乾宅（座西北朝東南）：桃花位在南方

兌宅（座西朝東）：桃花位在南方

離宅（座南朝北）：桃花位在東方

震宅（座東朝西）：桃花位在北方

坎宅（座北朝南）：桃花位在西方

巽宅（座東南朝西北）：桃花位在北方

艮宅（座東北朝西南）：桃花位在西方

坤宅（座西南朝東北）：桃花位在西方

第二篇

居家風水自己來
擺設不求人

一、客廳風水小秘訣十大招

俗話說：「入門便知興衰。」意思就是說，從客廳就可以知道，這一家人是否和樂，家人的關係是否良好，甚至是不是擁有良好的人際關係，財運是否富足，在陽宅風水中有包含內外明堂，外明堂指的是玄關或是前院，或是前陽台，內明堂就是客廳（圖1），明堂代表家人對外的關係，也可以看出這一家人對別人的胸襟與氣度，以及招待客人的方式，客廳越寬敞的人家，也象徵比較好客，喜歡招待朋友，比較熱情，人際關係良好，而客廳越狹窄，除了招待客人不方便之外，家人也比較不會聚集在客廳中聊天，家中成員回

圖1

到家後都比較喜歡各自回房，久而久之，家人的凝聚力也就會不夠，進而衝突點也相對會增加，互動自然也會愈來愈少，孔子曰：「與善人居，如入芝蘭之室。」這裡提到的芝蘭之室也就說的是客廳，可見客廳的重要性，內明堂是招財納氣的地方，所以好好的了解客廳的擺設，用心的規劃它，並了解一些風水上的忌諱，必然可以提升好運，創造最佳的生活運勢。

1、客廳昏暗，前途黯淡

一個房子如果門一打開，客廳沒有任何的光線（圖2），窗外也看不見任何的景色，就如同一間暗房一樣，那麼這家人是沒有任何的前途可言的，古人有言：「財神不入暗室。」如果客廳昏沉沉的，會使人提不起精神，觀念相對比較保守，心中缺乏勇氣，就算之前有再好的人際關係，慢慢地別人也會漸漸疏遠，另外一方面的影響對健康與家運也不好，財神爺也不會眷顧的，因此客廳必須明亮通風，風水上說「光廳暗

圖2

房」，意思就是說客廳要明亮，採光要足夠，其實自古至今家人聚會，或是長輩要宣布事情時都會在客廳，也象徵公平公正，所以客廳不能太暗，太暗的客廳也會使得行事風格不太光明，人際關係不好，然而財神爺又喜歡乾淨明亮的空間，所以客廳太暗，也象徵不聚財氣，「光線進不來的房子，醫生容易跟著來」，陽光具有天然殺菌的效果，也是告訴我們，一個光線良好，通風好，氣場流通穩定的房子，才會健康賺錢，財運自然也會跟著來。

針對客廳照明不夠的房子，一定要增加照明度，且盡量採用圓燈，也有象徵圓滿、圓融之意，如果還是不夠明亮，在角落處可以增加立燈，也會使整個空間的氣場有再一次提升的作用。

2、開門不見廳，行事不光明

客廳必須在前面及一開門就可以看見的位置，不可以在後面，一個房子開門如果必須先經過走廊、餐廳、廚房，或是臥房，才到客廳，或是後門比較接

68

近客廳，那麼代表做人做事都必須求助於他人，拜託別人，或是得暗中給人好處，才能達到目地，那麼人生必然很辛苦，古人有言，「開門不見廳，行事不光明」，其實客廳是接待客人的地方，當客人到家裡時，必須先經過其他地方才可以到客廳，也象徵所有的居家環境都被朋友先了解，也毫無隱私可言，而形成所謂犯小人的格局，自然也容易引起別人偷窺的慾望，貴人不會來，小人卻不斷的情形。

如果是空間格局可以改善，請盡量將客廳移到接近大門的位置，如果真的受於空間的限制，那麼所有會經過客廳的私人空間像臥房，都必須將房門關上。

3、客廳方正，財官兩盛，客廳歪斜，人丁不諧

客廳如果方正，沙發的擺設自然可以方正，也可以凝聚家人的向心力，以前傳統的沙發為三人、兩人、一人，三人份的沙發是主位，主位決定茶几的擺

設，主位必須要有實牆當後靠，但不可以壓樑，象徵家庭生活有依靠及有靠山，兩人份與一人份的沙發盡量放置在左右，形成環抱的格局，也象徵客廳裡的小明堂，可以促進家人關係的和諧度，也可以增加貴人運，自然升官發財的機會也會大增，俗話說「坐得正，才會得人疼」，只要行為舉止方正，自然招來好運，客廳如此，居家如此，基地更要如此，反之，如果客廳歪斜，家人觀念自然不和諧，意見也不會相同，吵架的機會大增，一個不和諧的客廳，家運自然不興，家運不興，財運自然不穩，另外沙發也不可以背著大門（圖3），或背著落地窗（圖4），最好的擺放位置，是能夠看到大門，而且有實牆可靠，這樣的擺設，最具穩定與安全感。

4、客廳高低，坎坷無依

客廳高低的問題，有時很難從肉眼看得出來，但如

圖4　　　　　　　　　　圖3

果磁磚破了，或是地板壞了，必須馬上更新，否則一個舒適居住的空間，連走路都可能受傷，一生波折也容易比別人多，如果是因為住宅房屋老舊，或鄰近有工地施工，造成地層傾斜情形，那麼除了地基不穩之外，有時連樑柱也容易歪斜，住到這種房子，必然隨時可能有危險，心神自然不安寧，除了身體容易有血光意外之外，也代表一生當中，都會有許多的不如意與波折。

改善方法

將地面重新施工，藉由裝潢的方式，想辦法將地面拉水平，這是最直接又有效的方法。

5、客廳太低，處事崎嶇，客廳太高，傷身耗財

一般客廳樓板的高度都在兩百七十公分左右，過低或過高都不是很理想，過低空間感覺狹小，進屋內有強烈的壓迫感，陽宅風水，客廳代表男主人，天花板過低，男主人在社會與家中沒有地位，事業運也

圖5

無法順利發展，例如現在很流行的夾層屋，客廳都有普遍過低的情形，住在裡面，有著強烈的壓迫感，心情也會大受影響，還有的客廳透過裝潢將天花板裝飾的過低或太過花俏都是不適宜的（圖5），因此客廳宜大一點、高一點，採光與通風良好，男主人的事業運也會跟著提升，反之，如果客廳過高又過大，也象徵男主人比較愛面子、愛表現以及重視外表，這樣的人，通常花錢比較不會考慮，出手相當大方，因此就比較容易損耗錢財而不自知，其實過高、過大的客廳，是無法藏風納氣的，也會讓人損失錢財。

6、家飾擺設雜，心情易複雜

客廳是一個代表家庭與社交的空間，絕對不可以雜亂，一定要整齊乾淨，收納歸類統一，家飾的擺設、畫飾，皆不宜複雜，任何刀劍尖銳的物品、動物標本、人頭像，這些容易產生陰氣的物品，皆不宜掛在牆上，主要的影響，家人當中容易爭吵，不和睦，也容易有暴力傾向，另外 避免用尖銳的家具，客廳首重圓融，主要是客廳除了是家人共同生活的空間，也是接待朋友的主要地方，任何尖銳的家具或擺設，使人覺得不舒服，自然不願意在客廳活動。

7、客廳掛飾的技巧

三人份的沙發後面不宜有鏡面的掛飾，或是大海浪圖，夕陽西下圖，或是沙漠浪人等等，必須擺一些花開富貴，圓滿的圖畫（圖6），如果是一些象徵性的吉祥畫，更要謹慎小心，所謂大船入港，主富貴，還有老虎的畫像，老虎要上山，老虎一旦下山，就會傷人無數，流水畫像必須朝屋內流，不可以向外流，因水管財，財要能入庫，才能守得住，至於馬的圖像，頭要朝外，也代表出外求財，如果放在室內，則馬蹄雜沓，有雞犬不寧之象。

船頭必須朝內，像是大船入港，或是模型船隻，

8、客廳財位

客廳的明財位位在入門口的45度角，如果門開在中間，那麼兩邊的對角線都是明財位，可以擺上一些吉祥

圖7　　　　　圖6

的物品來催財旺氣（圖7），新鮮的闊葉植物、花瓶、聚寶盆、麒麟、圓水晶等，鮮花也可以活化客廳的氣場，在客廳的財位上擺上一盆鮮花（圖8），也會使全家的親情更美好，溝通更順暢，但也有一些不能擺的東西，像是鐵樹、仙人掌，或是明財位雜亂不堪，擺垃圾桶等等，因為財位必須乾淨整齊。

圖8

9、客廳顏色的搭配技巧

客廳的顏色不可以太多，不能太昏暗，一般來說以米黃色系為主色系，但也可以參考客廳的方位來選擇搭配。

朝西北的客廳，盡量以白色、米色，可以使居住在裡面的人更聰明，更具有判斷力，如果顏色太深的佔滿多數的牆面或太高大的櫃子都會使得人男主人的工作運不穩。

朝西的客廳，平常光線已經足夠，則不宜過亮，如果客廳牆面有三面臨大窗戶，或三面均是白色，那麼此家庭的男主人事業與工作均不順，還有可能是女主人掌權，氣勢強過男生。

朝東北的客廳，則盡量採用米色、淡土黃，或是咖啡色系的家具，都可以有加分的效果。

朝北的客廳，客廳不能太鮮艷，尤其不宜用大量的粉色系，還是以寧靜淡雅為主，淡水藍色是不錯的選擇。

朝南的客廳，盡量以奶黃色為主，或土黃色，如果用太多過分鮮豔的顏色，容易遭來是非口舌，也容易有官司的問題。

朝西南的客廳，可以選擇咖啡色的家具，或是原木色系，都可以為客廳加分。

朝東南的客廳，盡量採用淡雅綠色，或是原木的家飾。

朝東的客廳，也不宜太過明亮，可以採用穩重一點的米色，或是淡淡的蘋果綠色。

10、客廳方位與影響

客廳在東、南方：對家庭與事業運有正面影響，家庭運和諧。

客廳在西方：對工作運與事業運有良好發展。

客廳在北方：對身體、健康狀態都會有幫助。

客廳在東北：對小孩的讀書運及考運有正面影響。

客廳在東南：事業發展會有點小阻力，但夫妻感情比較融洽。

客廳在西北：人際關係交往複雜，容易影響家庭生活，但對做生意者有幫助。

客廳在西南：與西北相似，但要注意關節與骨骼的問題。

二、臥室風水小秘訣四十三招

臥房是個人休息與補充體力的地方，人的一生有近三分之一的時間是躺在床上的，也就是待在臥室的時間，一天可能超過 8 小時，而休息睡眠時，通常身體是處在完全放鬆的狀態，對於風水上所造成的影響，短時間是完全沒有任何感覺的，長期也不見得能察覺問題所在，因此如果房間能夠布置好風水，那麼睡在裡面的人當然精神狀況飽滿，身體活動力、體力皆好，精神狀況良好，思想容易集中，判斷力就會增加，反之如果房間風水不好，那麼也容易造成精神狀況差，體力不支，甚至容易生病，也無法在工作上盡心盡力了。

臥室基本要件

1、格局要方正，最好不要有缺角，缺角將會阻礙氣場的流動，造成身體不健康，房間格局更忌諱三角形狀，除了家具不好擺設之外，臥房有角，人際關係也會變差。

如果格局本身不方正，可以盡量透過裝潢的設計，將四周拉平，盡量讓房間看起來是正方形或長方形。

2、空氣要流通，房間不可以沒有對外窗（圖9），尤其是不可以睡在地下室，除了空氣不流通之外，風水學上的說法地上為陽，地下為陰，也不宜在地下室設臥房，睡在裡面就像一個囚字屋一樣，就生活角度來看，對於外面的情況，不管是白天或黑夜，無論是日曬、颱風或下雨，完全都不知道，久而久之，容易造成對很多事情會變得沒有責任心，婚姻感情運不佳，身體也容易有小毛病不斷，這都是因為長期光線昏暗空氣不流通所產生。

圖9

3、

將臥房遷移至有對外窗戶光線良好空氣流通的房間。

臥室不宜設在加蓋的陽台外面，或是頂樓加蓋的鐵皮屋，加蓋的房子，地氣無法銜接，另外夏天會很熱，冬天會很冷，下雨又會很吵，這樣的情形會造成財運不旺，個性上也會比較獨斷，心情上也較易煩悶，親子關係容易疏離，向心力也會變差，嚴重的還會時常吵架甚至暴力相向。

改善方法

將臥房遷移，如果因為空間關係，無法改變，則必須將鐵皮內的隔音隔熱做好，並在加蓋房間四周平均補上36枚古錢，來提升地氣。

4、臥室裡不宜擺放大型尖角的櫃子，尤其是尖銳的牆角或櫃子邊角，除了會讓人產生壓力，睡眠品質會有障礙之外，尖角直接對著床鋪（圖10），也會使身體出現不好的情形。

家具邊角盡量以圓角為主，如果已經是尖銳邊角的櫃子，要讓櫃子的邊角不對到床的任何一個位置即可。

5、臥房不宜有框字造形天花板設計（所謂的間接照明）（圖11）（圖12），這樣的設計會有受困之意，另外床的上方有一框型天花板，我們也稱為棺材煞，容易有病痛產生，就生活的角度而言，框字造型的設計，本來是為天花板的照明做一種不同的方式的表達，但是我們要知道天花板是很不容易打掃的，容易形成藏污納垢的死角，進而堆積的灰塵也容易藉由空氣散佈在各個角落，形成上呼吸

圖10

圖11

圖12

道過敏的情況。

臥室天花板最低限度可以做成∏字造型，就是不在床頭的上方做天花板造型（圖13），或是床的左右兩邊上方，另外養成定期清掃天花板，都可以改善。

6、臥室門不可以對著廚房門（圖14），廚房門在風水學中為火氣，火氣直衝房門，住在裡面的人脾氣不好，而灶法祕旨：「灶對房門，主婦人經痛，又主婦頭痛，或吐血血淋」，就生活的角度來看，廚房的油煙多，如果又飄向臥房，當然身體不理想，而吵架

圖13

圖14

的次數也會增多。

改變臥房或廚房門向，避免相對，如果無法改變門向，而廚房門與臥室門之間的距離與空間夠大，可以在廚房門與臥室門之間選適當位置加裝一道屏風（屏風可為木造但一定是實牆，中間不可裸空，高與寬都必須超過門），或是平常將兩個門都關上，並用一個長的門簾遮住（但此方式只能治標，因為門還是會因為需要而開，多少還是有影響）。

7、臥室門不可以對著廁所門（圖15），廁所通常是穢氣集中地，也是整個房子當中，溼氣與水氣最多的地方，臥房門直接對到廁所，潮濕的空氣也會與臭氣飄向臥房，健康狀況上會產生問題，尤其是家人的腸胃受到較大的影響。

圖15

如上述廚房門對臥室門，平時須將兩個門都關上，廁所盡量保持乾淨整齊與良好通風，另外臥房門必須掛一道長布簾（離地30公分）。

8、騎樓或車道口上方不可以是臥室（圖16）：通常二樓的臥房，比較容易會有這樣的情形，騎樓一般都會停機車，或是大家走來走去，如果樓上就是房間，機車的廢氣也隨之飄向房間，樓下行人的吵雜聲也會影響睡眠的品質，睡覺講求的是安穩的磁場，騎樓上方，臥室下面是空的，有氣流與人潮走來走去，睡久了，自然會破壞身上穩定的磁場，容易造成精神耗損的情形，久而久之造成健康不佳，

圖16

事業不興也會破財，車道口也是一樣，車輛停車或出車都必須經過臥房下方，氣流與穢氣都會影響住的品質，所以如果是選購房屋時不可不慎。

改善方法

一般騎樓上方比較建議為客廳，或是公共空間，如果不得已，必須是臥房時，那麼請在臥房的四個角落，擺上金字塔型的黑曜石，以穩住氣場提昇地氣。

9、臥室不可以有兩個對外門：一個房間如果有兩個對外的門，睡眠的品質必然會受干擾，隱密性也不足，自然睡的不安穩，精神狀況不好，工作運自然也不理想

改善方法

將一扇門封住。

10、臥室不能開天窗：通常開天窗的地方比較適合在公共空間，臥室開天窗，

84

就好像人睡覺不能閉眼睛一樣，永遠睡不好，也容易有精神與眼睛上的毛病。

改善方法

將天窗封閉。

11、臥室門不宜開母子門（雙扇門）：有人為了門面的氣派，將臥房的門做成特別大，或是一邊大一邊小，在八宅明鏡：「左大換妻，右大孤寡」，一大一小門，夫妻不和睦，陰陽不協調，而且臥室門也不可比大門大。

改善方法

將門改成一般正常門尺寸，或小扇門不能開，並在兩側掛五帝錢。

12、廁所或廚房不宜更改為臥室：有些人為了利用空間，會將原本是廁所或是廚房的位置，更改為臥房，這些都是非常不理想的，主要的原因是大樓的設計，在廁所或廚房的地方都有很多的管線，如果任意變更，管線一樣

存在，而很有可能自己是睡在馬桶正下方，或是廚房的上方，樓上樓下一旦在使用時，也會影響睡眠品質，風水上，任何污穢的空間，皆不宜是臥房，否則，健康會受影響。

不可以任意更改廁所與廚房為臥室。

13、屋內最大的房間要當主臥房：每一個建築的設計，都會有一個房間做為夫妻房，也是整個房子裡最大的休息空間，但也有人會將大房間留給孩子睡，這樣是比較不理想的，在風水上，也會造成長幼無序的問題。

14、臥室的顏色，不宜大紅大紫，要簡單明亮，臥房顏色如果多或複雜，會將財氣沖散，如果房間的顏色不協調，容易有做噩夢的問題，在房間內也無法充分的休息，財運不好。

15、房中不宜再有房（圖17），房中有房必出二房，現在的房子為了有一個漂

86

亮的更衣室，通常會將臥房的一個空間，再另外隔出一間房間，並在更衣室做了門，這樣一來就形成所謂的房中房，那麼夫妻感情會日漸疏遠，也容易引來第三者。

改善方法

將更衣室門拆除，如果無法拆除，需在更衣室入口內地面放置紅地墊，並在地墊內壓五帝錢，另外還要在更衣室最裡面的衣櫃裡掛一個葫蘆即可。

圖17

16、臥室要乾淨，物品要整齊擺放，「整理」是每一個人可以立刻實踐的簡單風水，如果一個房屋經常保持清潔，房間的「氣」，就會流通順暢，通常運氣不好的朋友，都不懂得整理，只要家中的任何一個角落，都能夠整齊清潔，運氣也會跟著好轉。

17、臥室窗戶開太多（圖18），就如同一個房子開了很多門，門多氣散，窗戶太大、太多也無法聚氣。

改善方法

通常一個房間以一扇窗為主，最多兩扇，多餘的窗戶，建議封住。

18、臥室不宜擺放過多的植物，由於植物行光合作用的關係，晚上一樣在吸收氧氣，釋放二氧化碳，也容易影響身體健康。

19、房門不可以對到神明廳，尤其是神像或是祖先牌位，除了對神明不尊敬之外，香火有時會飄向屋內，精神狀況也會受干擾。

圖18

床的擺設：

1、床的樣式，要跟房間一樣，方正工整，但有人喜歡圓床或水床（圖19），除了容易引來第三者之外，也容易影響睡眠品質，其實方正工整的床，不僅睡的比較安穩舒適，也比較容易擺放。

2、避免分床睡，夫妻房間若是大小床，或是兩張單人床（圖20），會使夫妻同床異夢，也容易引發口角，千萬不要因為彼此的睡眠時間不同，而使用兩張單人床。

3、床頭後方要有靠（圖21），所謂有靠，就是要一面實牆，這是安床最基本的原則，王淳樸云：「臥房需著壁，不可以懸空，名曰太陽不著星，多女少生男。」試想床頭的後方如果沒有實牆，睡眠無法放鬆，反而容易受到驚嚇，床頭無靠，內心不踏實，也易招小人，床如果兩頭皆沒有

圖20　　　　　　　　圖19

靠，稱為申字床，王思山云：「申字床，損兒郎，兩頭不著壁是者。」因此身體多病，錢財耗損，婦女更容易體質虛弱。

4、床頭的後方不宜是窗戶，除了光線可能直接沖頭之外，會容易干擾睡眠，也容易造成頭痛，做事不集中，也容易小破財不斷。

5、床不可以直接沖門（圖22），床頭左右兩側也不可以是門（圖23），就是開門直接看到床頭，這樣會造成頭痛、腦神經衰弱，另外腳亦不可直沖房門，主意外血光。

6、床墊上方不可以有橫樑或直樑（圖24），若是壓樑，樣子就像扛棺材一樣，風水有言，「扛屍煞」，會使人有意外的病痛或死亡，樑壓哪裡傷哪裡，床頭壓樑易造成頭疼高血壓等病變，樑壓腳易造成下肢無力及腳比較會容易受傷，因此床不可以壓樑，如果壓樑，則必須將床移開。

7、鏡面不可對床（圖25），鏡子也不可以直接對門（圖25），鏡子會使「氣」散，鏡子也具有反射的效果，使人無法安眠，鏡面對床如果是夫妻，容易造成夫妻口角，也容易造成睡眠品質有障礙，久而久之會有精神

圖21

圖23

圖22

圖25

圖24

8、床的側邊，床腳正面不可對到廁所門（圖26），廁所是穢氣臭氣的地方，床位如果被廁所門對到，腸胃消化吸收要注意，並平常將門關上，在廁所門上加一道門簾。

9、燈不能在床墊上方，更不可以擺吊扇（圖27），燈壓哪裡也是傷哪裡，燈如果壓到腳則腳會常常覺得不舒服但是又找不到原因，燈如果壓到腹部，那腸胃或子宮下腹部會有病痛，最好的辦法就是把燈移到床墊外，但是我想有很多人會問，不是家家戶戶的臥室的主燈都是在中間而壓到床嗎？如果有到飯店住過或是到國外的外國友人家居住過的人，他們的房間中央都不會有大大的主燈壓床。

10、冷氣的位置很重要，冷氣不可在床頭上

不集中的現象。

圖26

圖27

方，冷氣不可在床頭左右兩側，冷氣不可在床腳的對面正上方，這幾個位置在風水上都容易造成破財現象，另外身體上也比較容易生病，冷氣正確位置應置於床中間或床腳的左右兩側。

11、床頭後方不可有高櫃，床頭上方不可掛照片或畫（圖28），床頭後方如果是高櫃，會造成睡在此床上的人有無形的壓力，好像被很多事壓的喘不過氣來，另外床頭上方也不可以掛照片或畫，這樣會造成睡眠品質有障礙，萬一地震來時也容易發生意外。

12、床頭後方不宜是廚房，床頭不可緊靠爐灶，因為灶是燥熱的東西，如果床頭緊貼著灶，睡在床上的人容易有心血管方面的疾病，脾氣會不好，因為火氣直接沖頭，另外腳也不可以朝向爐灶，腳踢灶，個性急躁，改善方法必須將床頭移開。

13、床下不宜堆放雜物，常常看到一些朋友，床底下塞滿了一些不用的東西，

圖28

像書籍報章雜誌，這些會吸收水氣的紙張，很容易受潮發霉，而衣服也會有黴菌等，正好是滋生細菌最好的溫床，另外也有人喜歡將金屬類的東西，或是鐵的東西放在床下，這些東西比較陰涼，也會吸收人體的氣場，久而久之，除了呼吸道容易受感染之外，也會產生腰痠背痛、手腳冰冷的情形。

14、大門不可以直接看到床，臥房是私人休息的空間，如果大門一打開，就清楚的看到床，不僅生活上不方便，也會使人在家待不住，喜歡往外跑，如果是夫妻臥房，那麼所有的隱私也會曝光，也容易產生使第三者入侵的空間。

15、床不可以直接對落地窗或窗戶，有些臥房的設計，有對外小陽台，而事實上我們常常說「光廳暗房」，客廳宜明亮，房間光線要柔和，如果床直接對落地窗，在光線的照射下，自然睡眠狀況不好，主要影響，在家待不住，喜歡往外跑，女生不易受孕。

16、床頭後方不可以是廁所，尤其馬桶及浴缸、洗手台跟床頭是同一道牆，或是床的側面緊貼著廁所的牆壁，主要的影響是睡眠品質，睡在床上的朋友容易做噩夢，也會有睡不飽的情形，整天無精打采，神經衰弱，原因是廁所的潮

氣太重，而有耗損元氣之象。

17、床頭下方不宜是爐灶，公寓或大樓的建築，往往會有排水與油煙的問題，尤其廚房的火氣，直接往上飄，上面正好是臥房，那麼整天都會被這空氣所污染，自然身體狀況也不好，還有爐灶的上方是床頭，也會容易產生頭痛、神經過敏、脾氣不好、小毛病不斷的情形，改善方法，將臥房移開。

18、床不可以直接貼住地面，很多人家裡，有長輩或是小孩的朋友，習慣直接將床墊放在地面上，認為這樣比較安全，正常情形是不可以這樣擺放床鋪的，因為床鋪會吸收地面的溼氣，人長期睡在床上，會容易腰痠背痛，即使您的房屋在高樓層都不可以這樣擺放，理想的床鋪高度至少要離開地面五十公分，就是要放置床架再放床墊，並且床底下，要保持通風，清潔整齊，不堆放雜物。

19、床頭後面不可以是樓梯，靠床頭的背面如果是一個向上或向下的樓梯，睡在上面的朋友，容易與人發生金錢上的糾紛，也容易腰痠背痛，腸胃消化吸收功能不好。

20、臥室不宜擺電視，床的正前方不宜擺電視或電腦，最主要的是這兩種物品也有反射的效果，也帶有輻射的現象，而且在房間擺上電視，通常影響睡

眠品質，也容易造成看電視的姿勢不對而腰痠背痛，家人的互動也會減少，如果一個家庭只有一台電視，那麼全家都會在客廳等著輪流看電視，如果每個房間都有電視或電腦，那麼一回家就直接到房間裡看電視或上網，根本不需要再到客廳，家人唯一溝通的橋樑也就沒有了，臥室擺上電視，只會使家人更自私，不懂得尊重對方。

21、避免睡上下鋪，有時因為空間的關係，小孩房會有上下鋪床，我們發現睡在上面的朋友，通常會很晚才會睡覺，而睡在下面的朋友，性情比較悶，不快樂，最主要的是，不管睡上鋪或下鋪的朋友，因為空間高度不夠，空氣不流通，脾氣、個性都不好，睡眠狀況也不好，因此不建議買上下鋪。

22、臥房的化妝台必須有靠，風水上化妝台是女人的第二小財庫，如果沒有靠，就如同財庫沒有靠山，會讓人掏空，對女主人的身體也不好，還有化妝台也不宜面對房門，因為上方的鏡子如果沖門，會使人心神不寧，疑神疑鬼，夫妻房更會因此爭吵不斷，最好的化妝台擺放位置是入房門45度角，也就是明財位的位置。

23、臥房基本顏色搭配：
因每個人的八字不同，顏色上面不好以臥房來布置，以下僅提供臥房方位與顏

96

色搭配：

臥室在東南與東方：以淺綠色、淺藍色為主。

臥室在南方：以淺綠色、淡雅橘為主。

臥室在西南與東北方：以淡黃色、金、橘色為主。

臥室在西北與西方：以米白色、奶黃色為主。

臥室在北方：以淺藍色、白色為主。

24、臥房方位與影響：

臥房在東北、西南、西北、東南方影響不大。

臥房在北方：腸胃消化吸收比較差，對成長的青少年，思考會變得清晰，有助於學習能力，穩定性增加，對夫妻房來說，感情較為平淡，可以說是有利有弊。

臥房在東方：身體會比較健康，夫妻感情會變得更容易互信互讓，尤其適合新婚夫妻。

臥房在西方：比較容易有睡眠狀況不佳的情形出現，容易有頭痛、心血管疾病，還有人際關係比較需要加強，已婚者夫妻比較容易出現口舌是非，觀念上的溝通要加強。

臥房在南方：有助於開創事業，也有利於正在找工作的朋友，但如果是夫妻房，可能會因為比較重視事業而忽略家庭生活，因此在工作之餘，也要盡量維繫家庭生活。

三、餐廳風水小秘訣八大招

所謂風水，就是可以藉由改變居住的空間、衣服的色彩，甚至連飲食都可以為自己帶來好運的環境科學風水。

民以食為天，餐廳是一個重要的位置，吃飯的時候情緒要平和穩定，不被外在空間干擾的情形下吃飯，不僅感情將會更融洽，也會使家人的向心力提升，又能維持健康、強健的體魄，我常看到一些朋友，因為沒有餐廳，經常在客廳吃飯，一邊吃飯一邊看電視，根本無法靜下心來好好的吃飯，或是餐桌上擺滿了東西，無法在餐桌上進食，形同虛設，這樣都是不理想的，想想看如果在一個

圖29

充滿優美氣氛的環境下吃飯（圖29），好的能量會透過食物被身體吸收，而擁有健康的身體，才能夠擁有財富，因此餐廳風水，必須兼具以下的原則，以達到最理想的效果。

1、餐廳不宜與廁所相鄰

廁所為污穢之地所在，如果餐桌位置緊鄰廁所（圖30），不僅穢氣容易藉由廁所飄到餐廳，自然食慾也會大受影響，那麼健康也會不佳，久而久之，也不喜歡坐在餐桌上吃飯。

改善方法

比較理想的方式，就是將餐廳與廁所門隔開，加一道屏風也可以，另外，將廁所門做成隱藏門，廁所門與牆面同一色系，讓人看不出來是廁所門，平常將門

圖30

關起來，並於廁所內保持通風良好，乾淨乾燥。

2、餐廳位置不宜鄰近大門

以前三合院的建築，廚房與餐廳都在後面，最主要的是，農業社會中，非常強調吃飽飯，才能做更多的事情，創造家裡的財富，也象徵餐廳是為第二財庫，財不宜露白，當然不宜一眼就被別人看到，而現在的風水建築設計，有時會將餐廳擺在入門的第一個空間（圖31），其實是比較不適合的，如果開門直接就讓別人看到桌上菜餚，除了不雅觀之外，也影響吃飯的氣氛，如同被干擾一樣，也直接就讓別人知道你吃了什麼，使別人有更多的話題大做文

圖31

章，容易引起別人的注意，在風水學上容易犯小人，也會小破財不斷。

餐廳最好的位置在客廳與廚房的中間，除了方便廚房出菜使用之外，居家也多了一個活動空間。

如果無法騰出一個空間，就必須將餐桌變為長方型桌，並隨時將餐桌上的東西收拾乾淨，並擺上一盆鮮花，使餐桌看起來像一個招待客人的地方。

3、餐廳不宜擺放大面的鏡子

現在的室內裝潢，常常用到大面的鏡子（圖32），鏡子具有反射與延伸的效果，有時可以為狹窄的空間，變得比較寬敞開闊，尤其是餐廳，我常常看到很多人喜歡在餐廳的位置，擺整面牆的鏡子，吃飯的時候，可以清楚的知道自己吃飯的神情，尤其是小朋友，更喜歡在鏡子前面擺姿勢，邊吃飯邊照鏡子，除了吃飯不專心，腸胃消化吸收也容易出現狀況，小孩成長情形自然也不理想。

102

4、餐桌避開大樑

餐桌最好可以避開橫樑，如果有一
根大樑壓在上面，就像一把利刃在頭頂
上，吃飯必然有壓力，餐廳是小財位，
如果壓樑，賺錢辛苦多勞，也容易產生
家庭不和諧的狀況。

改善方法

將飯桌移開大樑，如果沒有辦法避
開大樑，可以在大樑兩側，懸掛葫
蘆，用以化解大樑壓餐桌的情形。

圖32

5、使用圓形餐桌

圓形餐桌有助於提升家庭和諧與圓滿之意，更可以增加夫妻的感情，餐廳是一個培養家庭關係非常重要的空間，每天都能坐在象徵和諧與圓滿的圓桌上用餐，夫妻關係也會改善，如果餐桌有過多的銳角，夫妻之間比較容易產生摩擦。

6、餐桌避免與神桌擺在同一直線位置

一般供奉觀音菩薩神像，神桌下方不宜擺設餐桌，最主要是餐桌上常會有一些魚肉類，對神明來說，是比較不尊敬的，如果供奉的是關公、財神、祖先等，那麼比較沒有忌諱，不過神桌的前面，應該要盡量保持適當的空間，盡量不要將餐桌直接放在神桌下。

7、五行顏色與食物的關係

「五行思想」是掌握風水的成功關鍵，自然界的所有東西都可以按照「木」、「火」、「土」、「金」、「水」五種能量來分類，因此五行除了方

位之外，也關係到食物的顏色，了解五行所帶來的能量色彩食物，更可以增加身體的健康與好的能量。

8、方位與影響：

餐廳在東北與東南方⋯沒有影響。

五行	五色	五臟	五味	五禁	食物	加強色
木	綠色	肝	酸	辣	青蔥菠菜植物性	黑色
火	紅色	心	苦	鹹	紅椒蝦適溫性	綠色
土	黃色	脾	甜	酸	根莖類泥土中	紅色
金	白色	肺	辣	苦	雞肉鐵質與蛋白質	黃色
水	黑色	腎	鹹	甜	牛羊肉含水分	白色

餐廳在東方：有助於空氣的流通，全家人都會朝氣蓬勃，心情愉快，活力十足的方位。

餐廳在南方：飲食氣氛良好，也可以增進食慾，自然身體也會比較健康，財運也跟著好。

餐廳在西方：飲食狀況不好，家人情緒起伏變化大，容易產生失和的情形，可以用冷色如天空藍的餐具來改善。

餐廳在北方：比較穩定，家人相處平衡，自然比較喜歡在餐廳用餐，家人的感情良好。

餐廳在西北方：容易會有消化吸收不良的情形，吃飯的時間也比較不固定，財運也會減分，可以用一些金屬類的餐具來改善用餐的氣氛。

四、書房風水小秘訣十四大招

現在的房屋設計，要能夠擁有一間獨立的書房，似乎有些困難，但如果能夠擁有一間屬於全家人可以共同閱讀的區域，讓身、心、靈可以放鬆，更可以增加親子間的互動，那麼書房的存在是有必要性的，在緊張忙碌的生活中，還有一個社會現象，很多人都會將工作帶回家繼續完成，如果可以在一個舒適與安靜的空間，不僅可以事半功倍，也可以激發靈感，也可以在書房中創造出理想的成績，「工欲善其事，必先利其器」，有一個良好的讀書環境，學習效果才會增加，而就連工作運也會有間接的關係，因此書桌的擺設，座位的安排，都跟考運、事業運、財富相關。

注意事項：

1、書桌不宜背門而坐（圖33），一般來說，讀書要能專心，安全感是最

圖33

重要的，如果沒有安全感，心情無法沉澱，是無法達到效果的，書桌背門第一就沒有了安全感，如果是正在求學中的小孩讀書也較不容易專心，也會結交到不好的朋友。

2、坐椅要有靠（圖34），背後要有一道牆，或是書櫃是最理想的，不僅安全感增加，拿參考書籍也會比較方便，但不可以靠太近，也不能靠太遠，靠太近有逼牆之象，顯得有很大的壓迫感，離牆壁太遠，顯得座位後空，不容易聚氣，而且還有可能人可以在背後走來走去，沒有安全感及隱私，容易犯小人。

3、座位後方不可以是窗戶（圖35），跟背後沒有靠牆是一樣的道理，試想，如果座位的後面直接是窗戶，而窗戶外有人

圖34

偷窺或有人偷偷的從窗戶上進來，根本無法去注意，那麼會有賺錢辛苦的跡象，要比別人更努力，這樣的朋友也容易孤立自我，沒有貴人來幫忙，因此檢查一下，居家書桌的坐椅擺設，是非常重要的。

4、書桌不宜壓大樑，不管是橫樑或直樑，都要盡量避開，書桌壓樑會產生運勢不開的現象，不管是讀書或事業都多有阻礙。

5、書桌不宜直接面對房門或側面是房門（圖36），書桌對門為氣直接沖向書桌，稱為沖門煞，坐在此座位的人易心浮氣躁，口角是非，無法成事，因為大門一開，氣直接沖向房間，風水講的是藏風納氣，氣要緩，不宜直接沖，才能

圖36

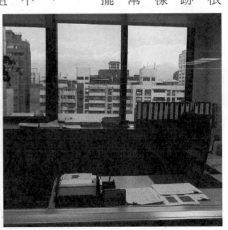

圖35

夠藏風納氣。

6、書桌不可面窗（圖37），書桌面窗光線太強無法專心，如果是求學中的青少年，很容易被窗外的一舉一動所打擾，其實有很多家庭中都會把書桌面窗，但也同時讓書桌背門而坐，這也是犯小人的問題，成長中的青少年就有可能會結交到不好的朋友。

7、書桌後面不可以是樓梯、電梯，樓梯與電梯長期有人走動，或是電梯的升降起伏，氣流比較不穩定，那麼就像座位沒有靠牆一樣，很容易讀書不專心，或常惹一些口舌是非。

8、書房光線要適宜，不宜過亮或過暗，在書桌上方看書，光線是非常重要的因素，如果光線不夠，會使人有昏沉沉的情形發生，一進書房就跟周公約會，也失去了書房的意義，而且也容易近視眼，或是眼睛過度疲勞而造成頭痛，

圖37

無法專心，另外書桌上方不宜有投射燈直照，燈最好能夠在前方六十公分處，最為適合，如果是檯燈也須注意擺設位置與照明亮度。

9、書房擺設不宜東西物品過多（圖38），過度的擺設，會造成雜亂無章的情形，讀書也會不專心，如果是書籍過多，也要放置在書櫃上，另外書桌也需隨時保持乾淨整潔為宜，不僅視覺感觀舒適，在書桌上讀書，心情也會比較快樂。

10、書桌上方及背後上方都不宜是冷氣（圖39），由於冷氣會造成室內以及體溫的變化，如果直接吹

圖39

圖38

到頭頂，非但無法集中精神念書，反而有可能生病感冒。

11、小孩子的坐椅不適宜是有輪子的，通常小朋友坐在這種椅子上都會被當成玩具滑來滑去，這樣也會造成不專心與心情浮動。

12、小朋友的書桌以及電腦桌不宜共用，尤其電腦主機是開著的時候，雖然是在看書，但是電腦主機會發出低頻噪音，對小朋友會造成影響，況且電腦書桌上又擺設電腦，亦會造成分心，書桌本來就是專心念書的工具，如果最好是放在我們大人可以看得到的地方較好。

13、書房方位與顏色布置：

書房在東、東南方：以紅色為主，活用紅色加強東方能量，或是可以發出聲音的電氣用品。

書房在西、西北方：以黃色為主，會使事業運、財運往上提升，人際關係也會變好。

書房在南方：以綠色為主，不僅使運氣上升，也可以對學業上有直接的影響力。

書房在北方：以橙色為主，可以使書房的能量提升，也可以增加穩定性。

書房在東北、西南方：以白色為主，可以使安全感增加，心靈可以得到放鬆，

14、書房的方位與影響：

書房在東、東南方⋯家人的進取心增加，也會使判斷力提升，人際關係也會改善。

增加求學的慾望。

書房在西方⋯做事經常事倍功半，容易受到挫折，可以擺上黃玉石改善。

書房在南方⋯社會名譽、地位會增加，另外頭腦也會變得聰明。

書房在北方⋯人際關係要注意，有時容易因為幫助別人而惹來麻煩，可以以白水晶簇放在書房，改善人際與讀書運。

書房在東北方⋯辛勤的努力可以獲得收成，但不可以隨便亂投資，遇到阻礙跟挫折也會有改善的空間。

書房在西南方⋯讀書慾望強烈，待人有理，使學業得以進步。

書房在西北方⋯讀書可以自我規劃，凡事可以堅持到底，努力認真，經營事業容易成功。

五、廚房風水小秘訣十九招

陽宅三要：「門、主、灶」，意思就是從入門可以知道這一家人的興衰，從主臥可以看到家人的和諧度，從灶就可以看到這一家人的財位如何了，其實廚房是一個用水與用火的地方，不僅必須光線充足，通風良好，保持清潔，好的氣就會進來（圖40），而且廚房也關係到全家人的飲食情況，因此廚房的好壞，將影響全家人的健康，沒有了健康，擁有再多的財富也沒有用，而古時候，是用燒柴來煮飯，柴火與財火同音，所以爐灶就是財位，而火又有延續生命的功能，因此也有傳宗接代之象，如果一個廚房，整天都是滿滿的垃圾，一堆的油煙，那麼除了好運不會上門之外，也會造成全家人的財運不好，風水學上也有「灶訣」：

房後灶前家道破，安灶後房前，子孫不賢，房前有灶，在未坤丑艮上，

圖40

114

爐灶注意事項

1、爐灶方不可有直樑或橫樑壓在爐上（圖41），爐灶上方有橫樑或直樑，象徵錢財被壓住，有受困之象，也代表一輩子求財辛苦，賺的錢很有限，另外女主人子宮下腹部會有病痛，或是有婦科腫瘤的情形，嚴重者有開刀之象。

生邪怪之禍，房前有灶，心痛腳疾，棟下有灶，主因勞怯，開門對灶，財富多耗，床若近灶，主眼疾痛病，邪事多端，灶後房前，災禍延綿，灶後置床，絕嗣孤寡，井灶相連，姑嫂不賢。

改善方法

爐灶要避開橫樑，若無法避開，就必須在灶上方橫樑左右掛一對葫蘆與左右放置水晶柱，將樑的力量分散，我看過也

圖41

有人做天花板試著將樑隔開，那是完全沒有作用的。

2、灶上方不可有樓梯，灶上方如果是樓梯，人在上方走來走去，實在有污穢財位之象，且就像橫樑壓灶之意一樣，一輩子必須寄人籬下，財運受阻，不僅賺的錢少，又存不了錢，另外如果負責燒飯煮菜的人長期在樓梯底下，也容易有心血管的疾病產生，心情也較不快樂，壓力大，個性易怒。

3、爐灶後面無靠，也代表財無靠，一旦財無靠，被別人倒會，或被騙的情形會增加，也表示財運不穩。

改善方法

爐灶後方要有實牆。

4、廚房門與廁所門不可以相對（圖42），廚房是飲食之源，為火氣來源，廁所為排泄廢物之所，為

圖42

116

水氣來源，兩個門相對，也主水火對沖，容易有意外事情發生，家中男女姻緣會比較慢，子緣也比較薄弱，還有家中腸胃都比較會出現問題。

可以在兩側中間加一道屏風，或是改變其中一個門向，平常將兩側門都關上，並加一道長的門簾。

5、爐灶與水槽緊鄰，或是相對（圖43），一般廚具的設計，基本上水槽與爐灶需至少有六十公分以上的距離，否則水與火相剋，自然會影響健康，生活的觀點，如果太近，洗菜或洗碗時，水花容易濺到鍋爐上，鍋爐會產生黑點，此為碳的結晶物，長期吃到這樣水火相剋煮出來的食物，身體自然不好，通常與腎臟方面的疾病有關。

圖43

盡量選擇爐灶與水槽間隔六十公分的流理台。

6、爐灶不對尖角，爐灶對尖角，對沖到做菜者的後背，有如暗箭在後，芒刺在背之象，主女主人脊椎背部會有不適的問題。

7、廚不居中（圖44），在風水學上，有三個位置是不可以在居家的中間的，分別是樓梯、廁所與廚房，廚房如果是在房子中間，不僅通風不好，油煙無法散去，只會在房屋的每個角落四散，主居住在裡面的人容易有心血管方面、心臟方面的問題，而且廚房在房屋的中間，由於通風不良，也較容易有火災的情形發生。

圖44

8、爐火不可以向外，或沖大門，現在小套房的設計，會將爐灶直接放在房屋的前面，一開門就會看到爐火，長期居住是不好的，以前的房屋非常重視灶口的方位，主要是因為灶口為柴火進出口，風向也要注意，如果直接對門，風一吹，容易發生火災，而現在的建築設計，通常廚房是固定無法變更，但至少，不可以讓外面的人直接看到爐灶，有錢財露白之意，貧窮之象，小偷趁火打劫，因此「盜賊難防」。

改善方法

必須在大門與爐灶處做一個玄關，讓人不直接看到爐灶。

9、在廚房內洗衣服，有些朋友為了節省空間，也將洗衣機放在廚房裡面，這樣是不理想的，古人有所謂的拜灶君的習俗，灶君在此，在這裡洗衣服，也容易影響好的運氣。

將洗衣機搬離。

10、爐灶的上方曬衣服，在套房的設計當中，有時因為沒有陽台，便將竹竿直接放在流理台上方，用來曬衣服，這樣都是不可以的。

11、爐灶上有水溝，有些朋友，將後院拆除，成為廚房，通常後院都是排水溝必須經過的地方，將廚房設在這裡，很有可能爐灶下方就是排水溝，排水溝往排出都是不潔之物，在上面煮食，比較容易產生破財連連，家運日見衰退，也容易被別人倒帳，消化系統不好。

12、收納要整齊，刀子不外露，菜刀與一般的小刀子等尖銳的東西，是容易產生「煞氣」的，雖然是日常生活不可或缺的東西，一定要收在看不見的地方，否則家人紛爭不斷，婆媳問題，女主人也會經常嘮嘮叨叨。

13、抽油煙機與水槽，要經常保持乾淨（圖45），有些朋友將吃完的碗筷置於

水槽，放了很久才洗，常會引來蟑螂及病媒蚊，廚房抽油煙機更要定期打掃，如果發現做菜者（家庭主婦）經常性的便秘、皮膚不好、粗糙都跟廚房的清潔度有很大的關聯。

14、爐灶有兩個，以前在農業社會當中，會有兩個爐灶，那表示兄弟已經分家，不再一起吃飯，但現在廚房的新式設計，也會有大小爐灶，那是非常不理想的，也代表另外一半的外遇機會增加，家庭糾紛不斷，小孩不聽話，而且容易各自為政。

改善方法

將爐灶變更為一個。

圖45

15、爐灶在外陽台（圖46），有些朋友將前後陽台打掉，將廚房的位置設在後陽台，這樣是不可以的，廚房是財位，全家人健康的地方，設在外面，都會有一個共通的現象，全家人不喜歡在家裡吃飯，外食的機會多，或是家人都必須離鄉背景在外面辛苦賺錢，家人的疏離感增加，向心力不足。

改善方法

將廚房移至屋內，或將外推的部分四個角落擺上金字塔型的黑曜石，或是三十六枚古錢。

圖46

16、冰箱上方不宜直接擺上微波爐，也是因為冰箱內有水氣和微波爐的火氣會發生衝突所致，而影響廚房原有的財運，特別是小套房，我們都會常看到這種情形。

改善方法

移開微波爐，在居家的廚房用品中，瓦斯爐、壁爐、烤箱、快速爐，都是灶的一種，但如果是可以移動的爐具就不算是爐灶，這點必須注意擺放的位置。

17、廚房地面不宜過低，廚房為財，財庫的位置低下，也代表此家人辛苦向外求財，而且總是得處處拜託別人，有委屈求全的情形。

改善方法

將廚房的高度墊高，或在廚房門口，擺上一面紅地毯加五帝錢即可。

18、廚房顏色的搭配：顏色不僅可以使廚房變得更有生氣，也會招來好的財

運，就連社交運也會跟著提升。

廚房在北方：用一些白色廚具，搭配一些暖色系的小東西。

廚房在南方：可以採用原木色廚具，再搭配一些金屬類的小飾品。

廚房在東、東南方：不要遮住光線，可以用水藍色的廚具，搭配木質小飾品。

廚房在西、西北方：用黃色廚具，搭配金屬類的小飾品。

廚房在西南，東北方：紅色的餐具、器皿，都是不錯的選擇。

19、方位與影響：

廚房在北方：可以使家人的工作比較勤奮努力，全家人變得很有朝氣，和諧度大增。

廚房在南方：更懂得規劃自我人生，但身體上眼睛比較容易疲勞，家人當中容易有近視眼的狀況。

廚房在東方：可以提升愛情與婚姻的方位，家人溝通融洽。

廚房在西方：對身體的健康運有不良影響，尤其是頭痛，呼吸道不好，也會影響事業與工作，可以在流理台上方擺上一對天然曬乾的葫蘆有助於改善。

124

廚房在東北方：對男生來說，比較容易出現腸胃與消化道的問題，平常要注意身體的保養，另外買一些紅色的鍋具或廚具都有助於改善。

廚房在西北方：對家中有人從事買賣業的，比較容易出現周轉不靈的情形，平常要注意財務的規劃，在廚房擺上黃色水晶，有助於改善。

廚房在東南方：家人想法觀念一致，家和萬事興，對財運有很大的幫助。

廚房在西南方：家人當中容易有一些小病痛，也容易有婦科方面的疾病，腰痠背痛，精神狀況不好，可以擺上一盆紅色的植物來改善。

六、浴室風水小祕訣十二招

在古代，廁所是在居家的外面的，而且多半在房屋的後方，也就是跟建築物分開，入廁是一件隱密的事情，不宜讓人看到，但是現在的建築，廁所都在室內，就風水而言，廚房是吃飯的來源所在，而廁所為排泄廢棄物的地方，一間房子最多的穢氣來源是廁所，也就是製造負能量「不好的氣」最大的地方，不好的氣場是干擾好運的最大殺手，影響的層面不僅是財運、健康、名譽、地位、婚姻、感情、人際關係，因此浴室風水一定要細心的照顧。

1、廁所門不宜直接對大門（圖47），如果一個房子的大門一開，可以很清楚的看到廁所，也意味著穢氣沖頭，一進門就吸收到穢氣，財神爺也不會進門，如果又可以看到馬桶，那麼這戶人家的錢財必然左手來右手去，投機理財必然不順利，容易糊裡糊塗大破財，感情婚姻也會多波折，也會有不名譽的桃花產生，廁所是洩氣的地方，穢氣沖頭，自然影響判斷力，經常做出明知不可為而為之的事，也容易影響家人的健康。

2、廁所不能居中，住宅的中心點，是關係到家運旺衰的主要位置，最好是

設計寬敞的空間、客廳、書房，不適合是廁所、廚房等容易產生穢氣的地方，不僅住宅的動線受到影響，廁所裡的濕氣、穢氣也容易流向房屋的四方，健康將會大受影響，其中又以心臟、血管、肝膽類的疾病為多，由於穢氣經常在房屋四周，家中成員容易爭吵，夫妻婚姻感情不睦，也會形成大漏財的現象。

改善方法

盡量不選擇廁所居中的房屋居住，或是打掉不要使用，或是廁所經常抽風，保持乾燥，並在廁所內放置盆栽，並擺上三顆黃玉石吸收廁所的穢氣（圖48）。

3、廁所不宜沒有窗戶（圖49），既然廁所是全家人排泄穢氣所在地，就不適合使穢氣集中，必須要能夠通風，最好是有對外窗戶，可以將穢氣、臭氣

圖47

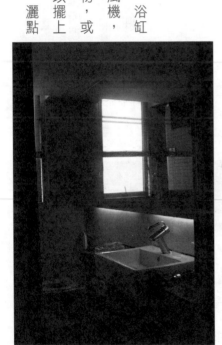

散去，廁所中的濕氣也比較容易消除，陽光直接照射也有殺菌的效果，但是現在的住宅，很多的廁所都不能開窗，穢氣無法排出，陰暗潮溼，也影響家人的健康，通常都會跟腎臟、筋骨痠痛有關，也不容易聚集財氣。

改善方法

洗完澡將浴室擦乾，浴缸不宜儲水，裝置抽風機，並擺上一盆闊葉植物，或三顆黃玉石，也可以擺上木炭綁上紅色緞帶，灑點

圖49　　圖48

粗鹽，都可以吸收浴室的濕氣與穢氣。

4、廁所門不對廚房門、臥房門、神位，廁所如果對到廚房門主容易有意外，健康狀況也不理想，還有一種情形，就是必須通過廚房才到廁所，也會有相同情形，另外腸胃也會不適，小孩的考運不佳，如果是對到房間門，那麼已婚者就要小心有爛桃花的現象，或是不孕的情況，如果對到是主臥房那夫妻感情較容易生變，未婚者婚姻緣不佳，如果對到神位，那是對神明不敬也是沒有貴人之意，家人無法和睦相處，是非口舌不斷。

改善方法

改變其中一個門向，平常門要關起來，或在兩個房門加一道長布簾。

5、廁所不宜高出或低下（圖50），以前老舊的馬桶管線，跟現在馬桶管線不一樣，有人為了換馬桶，或是將浴室更改到別的地方，廁所必須墊高，如果墊高高過十公分以上，水跟穢氣容易溢出，對家人的健康也不理想，如果家中有年長者或是小孩，很容易跌倒，廁所過低也不適宜，因為水氣不

容易排出，通常不得高出
或低下 10 公分，否則也有
破財的困擾。

盡量不變更廁所的原本設
計，就不會有高起的問題，
另外在門口用紅色地墊，
並在地毯下擺放五帝錢即
可。

6、廁所不宜過多，一間房子如果每個房間都有廁所，象徵穢氣分佈在房屋周
圍，此時如果沒有打掃乾淨，保持乾燥，那麼散財的機會就比別人大很
多，而且如果每個房間都有浴室，洗完澡就睡覺，濕氣與水氣也容易散佈在
房間內，對人的健康也會有不良影響。

圖50

將多餘的廁所改成儲藏室。

7、廁所不宜在樓梯下，樓梯底下太低，有時馬桶置於樓梯底下，上廁所容易撞到頭，主意外血光之災，廁所在樓梯底下也比較陰暗，濕氣更不易排除，也容易有腎臟，以及心血管方面的疾病。

在廁所天花板的地方加一個黃色的燈光，並擺上闊葉植物，以活絡氣場。

8、廁所不宜開兩道門（圖51），有些人為了方便，會將廁所打成兩道門，一道門提供公共空間做使用，一道門則是由臥房出入，不僅使穢氣更快速流入其他房間，也會造成健康的問題，而陽宅風水，一個空

圖51

間若開兩道門，形成迴風煞，迴風煞為人丁不旺，不旺男丁，男生的事業運不好，或是整天喜歡往外跑，在家待不住，有時也會到外地工作。

9、馬桶不宜對門（圖52），廁所對大門已經影響風水很大了，如果是廁所裡的馬桶又直接對門，那也代表穢氣迎門，除了沒有貴人運之外，也比較容易會有不名譽的桃花出現。

圖52

10、浴室要清潔整齊（圖53），馬桶、浴缸不可以漏水，燈光要明亮，磁磚要擦拭乾淨，保持光亮乾燥，尤其是馬桶及馬桶坐墊，都要注重清潔，我看過很多人家習慣在洗手間內裝置收納櫃，如果沒有排列整齊，那麼不好的穢氣更會在此停留，使得健康運更差，浴缸也要乾淨，一些朋友洗完澡後，污垢直接就黏在浴缸上，那可是會影響夫妻的感情與個人運勢的，另外水龍頭與蓮蓬頭都要隨時保持亮晶晶，乾淨的水龍頭，出水也

會有好的氣場，另外如果可以，請在浴室內擺放盆栽，盆栽可以為潮濕的空氣當中，活化氣場，在風水學當中遇到潮濕陰冷之地，可以以七色來調合，這七色就是盡量使廁所所有的小物品五彩繽紛，保持乾淨，那麼也會為全家帶來好運。

11、廁所方位與顏色：

廁所方位在北方：物品的造型盡量選擇圓形，毛巾等用品以白色、乳白色為主。

廁所位在南方：物品可以選擇方形，毛巾、磁磚等顏色可以用青草綠為主。

廁所位在西、西北方：在廁所內擺放土種盆栽，並選擇黃色系的裝潢做搭配。

廁所位在東、東南方：在廁所內擺放鮮花，以天空藍做為布置。

廁所位在東北、西南方：在廁所內擺放鮮花，並選擇紅色系的裝潢、飾品做搭配。

12、方位與影響：

圖53

廁所其實均不適合在每一個方位，但生活中又不能缺少它們，所以如果可以稍微偏離八個方位都可以將問題影響到最低。

廁所在東方：權力與地位將受損，工作上必須委曲求全，有志難伸之象，可以在廁所中放置花卉來改善。

廁所在西方：對家中的老人與小孩都會有健康不佳的情形，尤其在發育上會有比同年紀的孩子來得慢一些，可以擺上一盆土種黃金葛來化解。

廁所在南方：對年長者來說，要注意心血管方面的疾病，或是中風的情況，可以擺放三顆黃玉石在馬桶的水箱上面或是洗臉檯上來化解。

廁所在北方：影響不大。

廁所在東南方：女生的健康運不佳，精神狀況不好，用錢也會比較沒有節制，因此家人的和諧度也容易變差，盡量以鮮花或紅色的物品放在浴室。

廁所在西南方：家人當中容易出現便秘的情形，消化吸收不好，以擺放三顆黃玉石在馬桶的水箱上面或是洗臉檯上來化解。

廁所在東北方：女生不容易懷孕，或容易小產，還有婦科的情形也要注意，可以擺上一盆土種黃金葛來化解。

廁所在西北方：男主人人際關係受到影響，工作升遷運不佳，擺放三顆黃玉石在馬桶的水箱上面或是洗臉檯上來化解。

第三篇

案例

子緣不佳的風水

風水與生子

陳先生是個獨子，家中世代單傳，7年前與王小姐結婚後，婆婆就一直想趕快抱個孫子，礙於經濟壓力與事業不穩定的情況，夫妻倆決定2年後再生小孩，看似很有計畫的生育，也避孕了2年，而當他們真正想要寶寶時，卻遲遲沒有消息，起初王小姐以為是她自己的問題，到處求助於偏方，但檢查的結果是她非常健康，沒有問題，先生起初礙於面子的關係不敢看醫生，卻因為家人一再的施壓，也去做了檢查，僅僅發現陳先生精蟲數少，但並非不能生育，由於夫家的壓力，以及別人奇怪的眼光，為了求子，夫妻間的感情瀕臨破裂，這幾年夫妻倆更是嘗試了各種不同的方法，不管中醫、西醫，民間求子偏方，甚至休假出國旅遊放鬆心情，他們都一試再試，曾經有一次，好不容易陳太太

懷孕了，大家都在高興的同時，卻因為陳太太外出買東西，可能是提了稍重的物品，卻意外的流產，這對他們來說，可是一次相當大的打擊，才剛開始享受當母親的甜蜜滋味，心情卻又掉入萬丈深淵當中，別人都可以開開心心的當媽咪，而他們卻苦於求子，到底是出了什麼問題？風水可以改善夫妻狀況嗎？

陳先生與陳太太是大學同學，戀愛了3年，一直想要擁有一間屬於自己的房子再結婚，所以他們倆在工作職位上盡忠職守，陳先生本身從事業務工作，為了業績與更好的收入，經常南北兩地跑，陳太太也因為急於賺錢，除了本身在公司擔任會計之外，回家也會自己接些案子，在家裡工作，好不容易看上了一間自己喜歡的房子，因此他們也跟別人一樣，買房子然後結婚，雖然有龐大的經濟壓力與貸款的負擔，他們卻不曾鬆懈，一樣的，只要是賺錢的機會，他們從不曾缺席，一切只是希望有更好的生活，也希望能夠擁有一個健康的寶寶。

風水問題

問題一

這是一間座北朝南的房子，房子的北方正好是他們的主臥房，從主臥房的窗戶往外看，我就發現，有好幾座大型的煙囪對著他們主臥房（圖54），而在《陽宅撮要》裡提到，「煙囪對床主難產」，說明了不孕的徵兆之一，其實換個生活的角度來看，煙囪多的地方代表附近可能有大型工廠，煙囪的煙霧也可能含有不明的有毒物質，也會對人體造成傷害，這樣的環境並不宜久住，請檢查一下房子的北方，如果有煙囪，或是壁刀煞，將使居住在此的女主人受孕的機會降低，也容易造成流產。

圖54

針對屋外如果有壁刀煞、天斬煞、屋角等外在不利的煞氣對著屋內，可以採用民俗上常用的山海鎮來化解（圖55），一般來說，買來的山海鎮必須開光，且必須擇日才能安放，如果自己無法開光，可以到居家附近的大廟主爐上過香火，順時鐘繞三圈，並稟報居住者的地址、居住人員，祈求全家平安，再依農民曆上開光祈福日，避開家人沖煞到的生肖，才能安放。

圖55

問題二

廚房爐灶與主臥房門相對，這是最不利於夫妻關係的風水禁忌，除了夫妻的口角不斷之外，意見不合，常常一個早睡的，一個不睡的，夫妻生活根本無法協調，嚴重者還可能離婚，對子嗣的繁衍更是不利。

改善方法

爐灶與房間門正對，此時如果居家的空間夠大，我們建議將房門改向，徹底將爐灶與房門隔開，如果無法改變，則必須在廚房門與房間門均掛上長方形布簾，長度必須長過爐灶的位置，布簾必須是單片，徹底隔開廚房的火氣進入房間，平常廚房若無使用，也請將門關起來，另外必須在主臥房門口掛上六帝錢獅咬劍，才可以改善，效果也會加分。

問題三

主臥房的床頭，後面是個大窗戶（圖56），這對風水來說，睡床上頭如果有窗戶，會導致夫妻的睡眠狀況不好，精神耗弱，身體狀況不好，要生育的機會自然也比別人少。

改善方法

床頭的後方不可以是窗戶，人生有將近

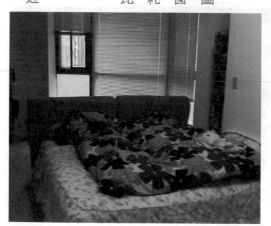

圖56

142

三分之一的時間是在睡眠上面，睡得好，不僅一天的活力充沛，精神狀況更是良好，因此床的擺設的禁忌很多，如何有一個安靜而充足的睡眠，安床就成了一門學問，而床頭如果太接近窗戶，窗戶外的濕氣與水氣，會沿著窗戶的縫隙滲入，對身體將是一大傷害，如果睡床方位又接近在東方或西方，窗口的陽光更會直接照射到床頭，而影響睡眠品質，久而久之身體健康情形也會受影響，建議將此窗戶封起來，或是變更床的擺設方向。

問題四

爐灶的上方有一根橫樑，在陽宅三要當中，以「門、主、灶」為最重要的，對整個房屋的風水有決定性的影響力，大門開的方位，主臥房床頭的睡覺方向，都關係著居住者的健康與財運，而其中爐灶的禁忌，又以橫樑壓灶，對婦女的健康狀況更是不利，古書更云「樑下有灶，主陰勞怯」，也使得受孕機會降低。

針對橫樑壓灶，除了女人子宮下腹部比較弱之外，也會有婦女的疾病，更

容易有乳房、子宮腫瘤的問題，因此民俗上，對於橫樑壓灶，可以在抽油煙機的左右兩側的上方，或是爐灶櫃內上方的左右兩側，各放一個木製葫蘆，及各放一個水晶柱，葫蘆用以收妖治病，水晶柱具有頂樑的作用，必須兩者同時擺放，才有效果。

問題五

神明廳上的祖先牌位上的「陳」姓，似乎已完全看不清楚（圖57），而左手邊的吉年吉月，有七個字，右手邊的「陽上子孫奉祀」卻沒有任何一個字，也就是這六個字不見了，由於這關係到子女將來的發展，也關係到有沒有子嗣的問題，這個祖先牌位，似乎已說明了一些什麼。

圖57

改善方法

首先祖先牌位上的字，必須分別為左邊

6個字，右邊6個字，中間要12個字，另外還有2個字在12個字的旁邊，左邊的字代表的是男生，右邊的字代表的是女生，必須左右平衡，表示家中地位男女平等，任何一邊的字都不宜缺少，少了右邊，家中女性成員少，地位低下，少了左邊，家中男性成員少，工作運也不好，甚至沒有子嗣，中間的每一個字都不能模糊，尤其是姓氏，模糊或不見都跟男性的子孫運勢發展有直接的關係，以題公媽秘訣中，字數代表意義：生．老．病．死．果（重複），或：生．老．病．死．苦，而六個字的意思也說明了，生的多，老的少，年輕的多，老的少，而陳先生家中的右邊沒有字，更代表不利子息，因此必須擇日將字補上。

考試運風水

看著小明每天一大早就出門上課，下了課有時連晚飯都來不及吃，就得往補習班跑，晚上回家還得為了學校功課、明天的考試等等，忙到11～12點，挑燈夜戰似乎是一件很平常的事，但每一次的考試，總是考的不理想，不是剛好及格，就是40～50分，更別談所謂的學校的大考了，父母親心裡更是著急，他們不明白，每天看著他這麼努力，但成績始終不理想，小明的姊姊也是，從學校畢業後，就一直希望能考上中醫師執照，她準備了很久，但這一考，連續考了5年，第一次是因為準備不完善，第二次居然填錯了答案卷，第三次帶點遺憾高分落榜，第四、五次又是因為粗心而寫錯答案，連續5年考試，每一次她都抱著一定要考上的決心，而且信心滿滿的應戰，但沒有一次成功，也因此，

這五年她從沒有出去工作過，每天做的事情就是讀書，第五次的落敗，對她的打擊很大，她常想，是不是該放棄了，是不是得開始找一份工作先穩定自己的收入，不再麻煩父母，但她又想，這麼努力，都已經五年了，為什麼要放棄，就這樣，內心常常自我矛盾，臉上難得看到她開心的樣子，風水會影響考運

146

嗎？又該注意什麼呢？

家庭狀況

這是一間透天的洋房，居住的人口很簡單，男女主人還有一雙可愛的兒女，男女主人因為工作上的關係，搬到這裡，他們喜歡有自己的院子，頂樓還可以種花，真所謂的有天有地，住家的一樓是客、餐廳，後面是廚房，二樓樓梯上來，一間是父母房，一間是書房，三樓是兩個姐弟的房間，頂樓是佛堂，這棟房子約購買了十多年之久，當時是全新的，兩個孩子從小就住在這兒成長，所有的人格發展、學習過程，都在這裡，男女主人是一般的上班族，收入還算穩定，平常除了上班之外，休閒的時間就是帶孩子出外踏青、在家種種花，生活也是非常平淡和樂，他們現在唯一操心的是，孩子的學業、考運好像永遠與孩子們擦身而過。

風水問題

若要看孩子的考運好不好，可以從很多方向著手，我們看房子若要看孩子書讀得好不好，學業能不能精進，或是能不能得到功名，事業順利發展，就要

找文昌位，文昌的分類，又分為流年文昌、個人文昌、陽宅文昌位，但這個房子家中的兩個孩子，似乎都跟考試絕緣，這個時候就得從陽宅風水的文昌位找到真正的原因，才能夠幫助他們。

問題一

書房的樓下是廚房，而姊姊座位的下方，正好是爐灶，以風水學來說，如果一個人的座位下方是爐灶，會使得坐在上方的人，讀書變得很急躁，心情也容易變得焦慮，常常桌上一本書，但心裡卻想著可以再多看點書、哪一本沒有看完，專心度變得很差，很想一次將書都讀完，而事實上卻沒有任何的一點效果。

改善方法

將書房徹底做一番改善，一般來說，如果一個房子有專屬書房，切記座位要有實牆可以當靠山，才會使讀書者更專心，更知道努力的方向。

姊姊的座位必須移開，絕不可以坐在爐灶正上方，如果因為空間的關係，無法移動，必須在書桌與座位下方放一塊黃色地墊，且必須沿著墊子下方

148

平均擺放36枚古錢，才可以化解。

問題二

弟弟的書桌是對著門的，也就是開門就可以看到弟弟的書桌直接對著門而來，這正好也是風水的大禁忌，由於原先男女主人在他們的房間對門設置書房，就是希望可以就近看到孩子的學業，也可以知道他們是否專心，但其實書房的空間不大，擺上一個書櫃，加上2張書桌，在不得已的情形下，書桌只能對著門口，他們的想法認為，只要看書時將門關起來，應該沒有問題，而風水學上，書桌或是椅子都不可以對門或沖門，這會使在座位上的孩子無法專心，待在座位上的時間也會變少，或是根本不喜歡在那兒讀書，書桌放在那兒，一點作用也無法發揮。

改善方法

小明的座位一樣要移開，如果沒有辦法移開，則必須在小明的書桌前方，擺放一個半高櫃，櫃子的高度必須與人坐下來之後頭的高度要高些才可以化解這個問題。

年柱天干	年次個位數	文昌位
辛	0	北方
壬	1	東北方
癸	2	東方
甲	3	東南方
乙	4	南方
丙	5	西南方
丁	6	西方
戊	7	西南方
己	8	西方
庚	9	西北方

西元年	文昌位
2009	南方
2010	北方
2011	西南方
2012	東方
2013	東南方
2014	中宮
2015	西北方
2016	西方
2017	東北方
2018	南方方

房屋座向	文昌位	文曲位
座南向北	南方	西北方
座北向南	東北方	中宮
座東向西	西北方	東方
座西向東	西南方	東北方
座東南向西北	中宮	西南方
座西南向東北	西方	東南方
座西北向東南	東方	南方
座東北向西南	北方	西方

房屋座向文昌位

事業運風水

起伏變化的事業運？

問題點

有人一輩子只為了一間房子而勞苦奔波，這位朋友盧小姐也一樣，一個人從南部搬到北部，因為從事的是房地產業務，一直都在幫朋友買賣房屋，自然也特別在乎風水，而每看到一間房子，不是先求神問卜，就是到處找老師，問問看到底適不適合，還有有沒有財運，當然她因為這樣找到了一間自以為不錯的好房子，她以為沒有問題，可以安心進住，大發特發，而就在盧小姐住了一年多之後，奇怪的是，業務量明顯越來越少，曾經一個月可以簽好幾個案子的盧小姐，每天都有接不完的案子，推不掉的應酬，但是現在每天下班只能躲在家裡，就連電話也變少了，朋友也不再找她應酬，面對這種情形，她的心開始慌了，一個曾經是頂尖的業務員，桌上滿滿的獎盃，到現在，每天待在家裡，

152

而曾經月薪二十多萬元到現在的一萬多元，她不知到底問題出在哪裡，為什麼她認為的好房子，對她而言，沒有任何幫助，甚至現在薪水都不知在哪裡？

個人狀況

盧小姐是單身貴族，經濟情況良好，曾經月入數十萬元，目前居住的房子不大，是一房一廳一衛一廚的樓中樓套房，房子位在市中心最繁華的地帶，買的時候內部已改裝過，正符合一卡皮箱就可以進去住的房子，目前她最希望改善的是事業運，一個能夠讓她事業恢復到以前一樣，再將獎盃、獎狀掛滿一道牆。

風水問題

這是一間舊的大廈，雖然房子已經重新翻修與粉刷過，但一進大門，我就跟盧小姐說，這是一間沒有財位的房子，前屋主很有可能是因為急需用錢而低價脫手，盧小姐這時才說，老師不瞞您說，這個房子是朋友介紹的，他們很熟，對方急需用錢，低於一般的市價給我，當時我很高興，心想可以擁有屬於自己的第一間房子，是一件多麼不容易的事情，更何況，之前請教過一些專業

人員，也都說可以住，她不懂問題出在哪裡？

問題一：門向外推，散財如飛

一般大門開門都是往內開（圖58），但這間房子卻因為大門與地面的太近，往內開會無法全開，因此屋主為了讓門可以打開，改成向外開的形式，其實以前的大門，沒有人會將門往外開，主要是門為納財氣之口，一般人會將財氣引進門，往外開反而將財氣送出，而白白損失。

改善方法

必須將大門改成向內推，財運才可以改善。

圖58

154

問題二：

天花板過低，由於是樓中樓設計，很明顯的，除了客廳有挑高之外，其他如廁所、廚房、房間都很低，有的還因為有大樑必須彎下腰來才能進房間，風水上有言，天花板過高，不聚財，過低，處事崎嶇，因此在選擇房子或裝潢房子的過程中，特別要注意天花板的問題。

改善方法

一般來說，天花板過高可以透過裝潢來改善，過低則必須在房子的兩個角落，擺放麒麟來提升家運。

問題三：

客、餐廳的天花板是鏡面，為了使房子有延伸感，我們發現，她在天花板上貼了大鏡子（圖59），風水對於鏡面的擺設，是有一些禁忌的，像這種擺法，不管是在客廳看電視，或

圖59

是吃飯，彷彿都像是有人在看著我們一樣，也形成犯小人的格局。

將鏡面徹底拆除，改成一般天花板即可。

問題四：

沙發無靠（圖60），客廳的沙發是背門而坐的，因為空間的關係，盧小姐實在不知該如何擺放沙發，但她非常好客，只要休假，一定會請朋友到家中來吃飯，沙發也採用L形沙發。

改善方法

在風水學上，3人份的沙發是主要的位置，也是主位，它可以決定茶几擺放的方向與位置，我們通常會以為1人份的沙發是主位，其實那是不正確的，而L

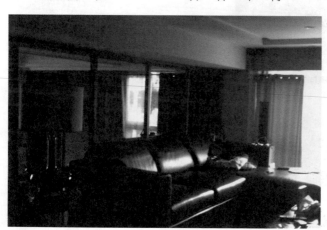

圖60

形的沙發，一定要以有靠背的地方當主位，以它來靠牆，更不可以背對著大門而坐，那是會引來小人的，也就是可能可以談成的案子，會無緣無故的被別人接走或談成，自己所有的努力都會白費，因此此沙發的位置必須調整到有實牆可以靠的位置。

問題四：

此房屋方位不正，正如同我們常說的，選房要選方正工整，這個房子的北方嚴重缺角，而最能影響事業運的北方並不在這房子裡，就算妳很努力，妳很想努力，但好像終不能解決問題，而北方也關係到婦女的健康狀況，長期久住，容易有婦科方面的疾病，甚至不孕。

針對缺角的房子，民俗上可以用三十六枚古錢，將缺角的位置平均擺放，黏在踢腳板上，也可以在缺角的角落裡擺放黑曜石金字塔來化解。

問題五：

房間裡的小書桌緊靠著床頭的位置，而椅子也是背著門而坐。

書桌也是影響事業的主要原因，風水上認為所有影響事業除了方位之外，就是自己家中的書桌，也是居家用來辦公的位置，它不可以背門，背門除了犯小人之外，對自己無法抱持信心，凡事會害怕，猶豫不決，沒有辦法做出正確的判斷，而錯失訂單的機會，書桌如果空間夠大的話，我們也希望她的座位能有實牆可以當作靠山，那麼她的訂單會比較順利，如果真無法靠在實牆，那麼我們也會建議擺在跟門框平行的位置，可以掌握整個業務的狀況。

158

家庭和睦身體健康風水佈局

家庭不和睦的風水

問題點

這是一棟五層樓的透天厝，還有一個地下室，可以供兩台車停用，一、二樓的部分提供營業場所，夫妻是在從事自助餐的工作，三樓為兩個房間、一個衛浴設備，四樓也是兩個房間，頂樓則是林太太的夫妻房，林太太育有1男2女，當初買透天的房子，就是希望每個孩子都有自己的房間，各自獨立，另一方面樓下可以做生意，心想也能工作也能照顧孩子，因為做生意，孩子從小就送安親班、補習班，一家人很少互動，就連三餐也均為外食主義，回家之後也都各自回自己的房間，一個家好像形成了一個旅館，大家彷彿都只是回來睡個覺而已，現在孩子漸漸長大，林太太因為工作上的壓力，不僅常常與先生產生嚴重口角，想法觀念也漸行漸遠，這幾年辛苦工作下來，身體變差了，夫妻

感情變淡了，先生也因為壓力過大，在幾年前中風，林太太必須一個人扛起家中重擔，但卻發現又沒有人可以聊聊天、說說話，孩子大了，常常不在家，房子像個空城，而每次想跟孩子說話時，卻又不知該說什麼，溝通的距離越來越遠，而林家的三個孩子更是為了一些小事而常常起爭執，弄得林太太也不知該幫誰說話，幫誰都不對，孩子只怪母親偏心，女兒自從大學畢業後，也未曾上過班，一直待在房間中，沉迷上了電腦中的線上遊戲，交了一些莫名其妙的朋友，整天晚上不睡覺，白天不起床，常常外出，有時甚至沒有回家，令林太太擔心不已，不是她不喜歡這個工作，就是鼓勵她要找工作，要她好好上班，可是每次出去工作沒多久，不是託人幫她找工作，就是常常遲到、請假，最後被老闆辭退，到現在，還是一事無成，而這個家形同一盤散沙，完全感覺不到家裡溫馨和諧的氣息，她開始感覺到辛苦了這麼久，到底為的是什麼？是金錢，還是家庭的和諧，身體健康？還是子女的成就？更嚴重的是自己也成了憂鬱症患者。

家庭狀況

當時買這棟房子時，全家人都很開心，大家都有可以屬於自己的空間，而他們夫妻倆更是為了房貸，辛苦的工作，姊姊選擇三樓靠後面的房間，二樓除了營業場所之外，也有一個廚房，還留了一個大房間準備留給爺爺奶奶回來時居住，也是客房，三樓是兩個女兒的房間，四樓就給兒子住，這個孩子真幸福，一個人擁有一層樓，他將小沙發、電視、電腦都搬到前面房間，看起來是所有家人當中，使用空間最大的，頂樓是夫妻房，林先生很疼愛孩子，每個孩子的房間都有電腦，還有電視機、小冰箱，原本看似幸福的家庭，每個孩子現在個個卻都成了林太太的負擔與煩惱，而溝通上的障礙，更使得家人的感情漸行漸遠。

風水問題

問題一：

生意的關係，使得這個房子少了客廳，一個可以使全家人溝通與放鬆心情的地方（圖61），取而代之的是，每個房間都有獨立的套房設計，整個房子就

像旅館一樣，大家回來之後，都各自回房，父母親根本沒有空去每個房間關心一下。

改善方法

前面有提到客廳的重要性，一個房子一定要有客廳，如果沒有客廳，家人的缺乏向心力、疏離感都會增加，因此建議她將二樓的一個位置更改為客廳。

問題二

圖61

三樓姐姐房間，床頭睡覺的位置，正好是樓下的流理台瓦斯爐的正上方，也就是爐灶的上方是姐姐的床頭，這可是風水的大禁忌，一般來說，爐灶本身為火氣，熱氣直接在頭上正燒，這會影響到居住在此房間的人，睡眠品質有嚴重障礙，脾氣個性怪異，不好溝通，神經過敏，緊張不安，身體多病痛，在灶

法秘旨上更說明「樓上作房，樓下不可做爐灶，損小口，驚風出痘而亡」，可見爐灶影響很大。

改善方法

爐灶的上方不可以是睡床，前面已經有提過，其實爐灶的上方也不適合是書桌，人坐在火爐上方，必然無法專心讀書，形同熱鍋上螞蟻，倘若人睡覺的位置正好是在爐灶的正上方，除了脾氣個性極端、自我、睡眠狀況不好，人際關係也容易受到影響，與父母親的溝通不容易，因此建議此房間不宜睡人，並將姐姐的房間搬到其他房間，此房間可以當更衣室或儲藏室，如果空間上無法調整，除了床頭位置最好能夠改變之外，必須在爐灶的上方放置一塊大型的黃色地毯，並且沿著黃色地墊下方，平均擺放36枚古錢，象徵36天罡正氣，隔開爐灶之火氣。

問題三

兒子的房間太大，一般來說，小孩的房間不可以大於主臥房（圖62），如果大於主臥的父母房，主長幼無序，目無尊長，且不懂得禮讓，這個房間因為

整層樓都歸他使用，使得屋子裡所有的生活機能都很完善，回家之後直接跑上房裡，做任何事情也不需跟家人溝通，如同住在外面一樣，久而久之，家人的關係，自我的人際關係，都會受到影響。

根據房間理想配置的原則，主臥房必須是最大的，其次才是小孩房或是客房，但客廳又必須比房間大，因為客廳除了是接待客人的地方，也是全家人共同的生活空間，如果客廳小於房間，那麼大家寧可待在房間，不願意待在客廳，而客廳太小，人際關係也比較不好，因此檢查一下居家生活空間，做一個適當的布置，不僅居住得舒適，也會帶來好運。

圖62

問題四

一般來說，是同一層樓的格局，建議父母房要睡在房屋後方，而且一定要是最大的房間，如果睡在房屋前方或是小房間，那麼代表管不住小孩，孩子的氣燄會比父母大，那麼如果睡在前面，孩子睡在房屋後方，會比較沒有責任心，凡是都要由父母親做主，有強烈的依賴感，若是居住在洋房或別墅、獨棟的房子裡，主臥房必須睡在比較接近樓下的位置，孩子必須要睡在樓上的房間，也就是當孩子回家的時候，必須經過父母的房間門口，主要的目的，是要知道孩子的回家與外出時間，這樣不僅可以清楚的掌握孩子的狀況，也會增進家人互動，如果睡在頂樓，孩子何時回來，何時外出，根本無法掌握，久而久之，疏離感增加，那麼父母永遠為孩子操心。

針對臥房的問題，我們建議，年長者往樓下睡，孩子往樓上睡，如果是同一層樓，那麼主臥盡量在後方，比較合適，也可以改善親子間的關係。

問題五

姊妹倆房門相對，主兩姊妹爭吵不斷，感情失和，不管是現代公寓式的房子，或是透天的房子，很容易在住宅的格局當中，有兩門相對的情形（圖63），如果是兒女房與父母房門相對，必是父母與兒女的溝通出現障礙，如果是夫妻與長輩房門相對，那就得注意夫妻與長輩溝通的問題，其實大樓或公寓的兩家大門相對，也是不理想的，相宅有云：「兩家不可門相對，必主一家退，開門不可相沖，必有一家凶。」因此，門對門主是非、口舌，又叫相罵門，也主家人、鄰居無法和睦相處。

圖63

兩房門相對或是兩家相對，都是風水上比較不理想的，如果是兩家相對，可以在自己家門口的上方，掛上春聯或八仙彩，除了提升居住者本身的好運之外，也可以促進兩家的和諧，畢竟遠親不如近鄰，有好的鄰居可以觀照，是一件很好的事情，至於兩房門相對，必須在兩房門的門斗上，掛上門簾，門簾低過手把即可，並在年長的那一間房門上，掛上六帝錢獅咬劍（圖64，六帝錢獅咬劍），就可以化解。

圖64

問題六

主臥房的化妝鏡對著房門（圖65），這也是嚴重影響夫妻之間產生溝通障礙的原因，鏡子在風水學的使用是有一些禁忌的，鏡子對門，除了使財運無法進入之外，夫妻之間亦容易貌合神離，嚴重者還有出軌的現象，而鏡子如果對

到床，夫妻感情好時很好，但吵起架來，可是誰也不讓誰，是非常劇烈的，而且鏡子對到床，對睡眠品質也會產生障礙，嚴重者還會有憂慮、焦慮的情形發生，因此鏡子擺放，可是一門大學問。

改善方法

鏡子在風水中的影響很大，不僅影響到家庭的和諧度、桃花婚姻的問題、人際關係的好壞、健康方面等等狀況，但居家當中又不能沒有鏡子，因此比較適合擺放的位置，會是在玄關開門的側方，不可直接對門，或是房間內不可以對床也不可以對門的位置，才可以安放，如果找不到這些位置，那麼寧可不要擺放，也不可以錯放。

圖65

問題七

孩子的每個房間幾乎都布置成套房一樣，有電腦、電視等等，一些生活上

168

溝通問題

由於少子化的社會形態，每個父母都希望能給孩子最好的安排，所以在時間上無法陪伴的情形下，物質的供給就會愈來愈大，孩子的房間裡什麼都有，就因為孩子只要待在房間的小小空間裡，就能夠滿足所有需求，反而容易造成生活安逸，不會面對問題與困難，因此我們也建議，孩子的房間不宜擺放電腦，不宜擺放電視，一些屬於電器的用品盡量不放在房間。

問題八：

女兒房間的上方，正好是廁所，而且床頭的位置正好在馬桶正下方，這是風水上的禁忌，除了臥室比較容易潮濕之外，居住在裡面的人健康會受到影

的必需品，孩子一回家，只要在房間裡就足夠應付他們的生活大小事，自然而然不喜歡外出，甚至連離開房門都很不願意，長期下來，不僅與家人的互動變少，就連人際關係也會變差。

響，讀書、考運都不好，還有工作運不順，一般來說，大樓的房屋比較不會有此情形，而除非重新裝潢，或是透天的洋房，會有這種困擾。

盡量不睡在浴室的下方，如果無法改善，那麼至少要將床位移開，不要睡在馬桶正上方。

爛桃花風水

異性緣來得早不如來得巧

問題點

　　這個案例，不禁感慨萬分，原本以為只是單純孩子不聽話而已，沒想到

一個居住二十多年的房子，不曾平靜過，起先是先生因為工作上的關係常常

交際應酬，自然就認識了歡場上的女子，一到夜晚，只要先生在家，總會莫

名其妙的躲在陽台講電話，或是一接起電話，就匆匆的掛斷，假日不是外出，

就是在家睡整天的覺，這些陳太太早看在眼裡，但為了維繫家庭的和諧，不敢

讓公公婆婆知道，她總是默默的承受，暗自在房間裡哭泣，直到有一天，電話

裡傳來的是，先生因為酒駕車禍身亡，一個本來要承擔家中的經濟來源，卻因

為第三者經常半夜常常不回家，更也不曾為家庭付出過，現在就連基本的保險

都無法理賠，原本以為這樣過了家裡或許平靜些，但其實沒有，陳太太必須

獨自扶養2個未成年的女兒，還有一個剛滿20歲的兒子，正值青少年的兒子，個子高大，長得很帥，身邊總不乏一些年輕妹妹主動投懷送抱，陳太太基於經濟上的壓力，一個人在夜市擺地攤，從早上的補貨到晚上收完攤位，幾乎整天都沒時間照料孩子，跟他們說說話，而這個兒子就是個問題，每天帶著女朋友回家，直到對方懷孕，生了個娃娃，他們沒有結婚，因為女方的家長說，與其結婚可能離婚，還不如不結婚，更何況，他們都還年輕，沒什麼謀生能力，無法成家，無法照顧小孩，現在孩子在陳太太的身邊，每天必須帶著娃娃去夜市工作，還有二女兒，長期缺乏父愛的結果，老是喜歡一些年長的男生，並經常與不同的男性出遊，不管陳太太如何勸說，哥哥的借鏡，還是擋不住問題的發生，也生了個孩子，糟糕的是，她根本不知道孩子是誰的，又該找誰來負責，沒有人自告奮勇承認他是孩子的爸爸，為了怕陳太太罵她，曾經一段時間失蹤沒有回家，等到回來時，已經是7個月的身孕了，小娃娃依然又給陳太太照顧，原本以為最貼心的小女兒問題最少，不會讓媽媽操心，其實不是，小女兒從小看著家庭的問題，哥哥姐姐的狀況，現在的她，性向成了大問題，喜歡同年齡的女生，不喜歡接觸異性，人際關係也隨著自卑感作祟而常常一個人關在家中。

172

家庭狀況

這個房子，位在鬧區，後面有個社區活動中心，是一間5層樓的公寓，3房2廳1衛，約有25坪，是爺爺年輕時買的，原本住了爺爺奶奶，還有陳先生一家五口，爺爺奶奶因為年紀很大了，也早就不在人世了，陳先生也在壯年時期過世，年輕時的陳太太，在家照顧孩子，侍奉公公婆婆，陳太太其實還很年輕，約45歲而已，但臉上露出的是歷經滄桑的歲月痕跡，看起來年齡很大，身邊又跟著兩個小娃娃，而3個孩子分別20歲、17歲、15歲，這樣的年紀，本來都應該還在努力念書，可是卻一直有爛桃花跟著他們，不僅從父親時期到現在發生在孩子身上，難道爛桃花也會傳染，有人苦苦的等待好桃花出現，一種既期待又害怕受傷害，有人卻困在桃花的困境當中，腳踏好幾條船，隨時可能引爆，而針對桃花的風水，真的可以從家中的問題找出來嗎？可以改善嗎？

風水問題

問題一：

從大門一開，就可以清楚的看到夫妻房的雙人床（圖66），臥室本來就應

該要有點隱私，更何況是夫妻房，本來就不宜讓別人看見，如果房間收拾不乾淨，或是在換衣服時，不小心被外人看見，生活上也會不方便，而風水上容易會有先生外遇或是太太紅杏出牆的情形。

改善方法

必須在入門的地方，做一道玄關，用以遮住大門直接看到臥室門。

問題二：

住宅直接面對活動中心（圖67），或是活動中心在後面，本來是沒有任何影響的，不過這個活動中心，公用樓梯在旁邊，也就是直接站在房子的後陽台，可以清楚的看見公用樓梯，陽宅風水，樓梯外露（圖68），主已婚者容易有第三者入侵，未婚者感情不順利，常常會在感情路上跌跌撞撞，就是遇不到

圖66

好的桃花，這個房子早已暗藏爛桃花風水。

改善方法

民俗上對於外在的爛桃花風水，我們會建議在面對活動中心樓梯的位置，擺放一面八卦桃木獅咬劍（圖69），桃木在古代來說就是一個制鬼避邪的法器，以前人們在蓋新房時，也會在房屋的四周釘上桃木，也是保佑家宅平安，富貴美滿，而獅子為百獸之王，具有化解口舌是非及旺財的功能，吼聲威赫遠揚，足以震伏百獸；也是各種宗教的吉祥瑞獸，當然可以驅魔逐厲。獅頭額上寫著「王」字，口中

圖67

圖68

圖69

咬把七星劍，目的都在強化獅子的神威與宗教的法力，由於獅頭咬劍，也稱「劍獅」；原來避邪之外，也要敦親睦鄰，讓外在的爛桃花風水不再靠近。

問題三：

女孩房的後面是神明廳，而且又在床頭的正後方，這種情形是最嚴重的，一般來說，神明廳是令人尊敬與慎終追遠的一個淨地，不宜後方有臥室，尤其是夫妻房，更有褻瀆神明之意，也可能會有不孕的情形。

神明廳的後面，不可以睡十二歲以上、六十五歲以下的朋友，如果是未婚，那麼婚姻宮來的很慢，甚至沒有，也比較容易出現不好的姻緣。

改善方法

僅能睡十二歲以下的小朋友，或是六十五歲以上的單身朋友，或是將房間拿來當書房使用。

問題四：

因為房子本身不大，原本主臥房隔壁的小孩房，與主臥之間打了個通道，小孩房並做了一個門，小孩房門被封起來，變成了2房，早期孩子還小，因為方便照顧的原因，一直到孩子長大，都沒有改回原來的樣子，陽宅風水，成了房中有房，必出二房，也就是大小老婆爭風吃醋，就算沒有第三者，夫妻容易貌合神離，溝通上容易出現障礙。

改善方法

房中有房必出二房，婚姻不美，爛桃花不斷，針對這樣的問題，我們建議將孩子房與的主臥房的牆壁以實牆封起來，孩子的房門打開，成為真正的2個房間，徹底化解房中有房的問題，倘若短時間無法調整，也必須用葫蘆掛在房間最內側的角落，葫蘆蓋子微開（圖70），因葫蘆與福祿同音，又有

圖70

收氣與化氣的功能，也象徵福來運到之意，另外在房門口的地板上，再以五帝錢隔開地氣，上面可以鋪上紅色地墊，便可以有效的化解房中房的問題，如果臥房有大型更衣室，也可以運用此方法。

問題五

主臥房的門與廁所相對，桃花的問題很多，主臥房對著廁所門，也是破壞婚姻的元凶，廁所乃穢氣集中地所在，當穢氣無法排除，而直接通房門時，會使得另一半喜歡往外跑，如果是未婚者在此房間，有可能一直沒有婚姻緣，或常常遇到感情上的困擾，常常更換交往的對象。

改善方法

臥房門與廁所門相對，建議廁所保持良好的通風環境，如果廁所沒有窗戶，必須將馬桶蓋蓋起來，並在廁所門與主臥房門掛上長布簾，布簾必須是單片，長度約離地30公分，才能將此煞氣削減。

破財風水

財易進難守，破財格局的風水案例

問題點

當看到這間陽宅風水時，盡入眼簾的是，一間裝潢得相當豪華典雅的住宅內部空間，只可惜缺了一些實用與風水的基本基礎，當我一遍又一遍的看清楚所有的問題點之後，不禁搖頭說了，這個房子的財運不好，住久了可能產生有錢買進來，沒錢搬出去的窘境，應該是低價出售吧！新屋主說了這樣一句話：

「這就是我遲遲不敢搬進來的原因，前屋主在兩年前，用現金買下了這棟價值千萬的房子，裡面都是他的精心布置，少說也花了幾百萬的裝潢費，兩年之後，據說是生意失敗，被倒了很多錢，一些外面的帳款都無法收回，造成了周轉不靈，用很低的價格賣給了我，雖然每個人都說我撿到了便宜，但我仍然擔心，會不會我也跟他一樣，買到破財屋，住進負債屋？怎麼才短短的兩年，他

這上千萬的房子，賣我幾百萬，這麼大的一間房子，所有的家電都留給了我，每個朋友都說我買到這房子，真是賺到了，但我真是害怕，買來半年了，始終沒有勇氣搬進來。」的確，依這樣的格局看來，我看就算有再多的錢，不管他做任何的投資，都是「肉包子打狗，有去無回」，這樣的房子可以住人嗎？

狀況一

前屋主小林是個單身貴族，一個人住進一間約40坪的華廈，是個貿易商，資金的進出相當龐大，平常在工作忙碌之餘，多餘的閒錢，也操作大筆的股票，以前曾經賺了很多錢，才可以買進這棟房子，原本鄰居也都和平相處，只是這樣的光景只維持了1年，不僅客戶倒帳，廠商不願供貨，鄰居失和，資金周轉困難，就連股票、基金，也都血本無歸，不得已，出清所有的家當，卻發現依然負債累累，現在不知躲到哪去了。或者你可能也有相同的情況，搬到新房子之後，被裁員、被減薪，本來可以每個月繳的房貸、生活費，卻可能因為突發的情況造成收入不夠，無法支付，陷入困境，更別說是額外的支出，或者可能買了房子，原來是一個業務的頂尖高手，卻半年沒有訂單，沒有收入，不得已只能兼差為生，甚至再低價出售房屋，不僅沒有了房子，還得背負龐大的

債務與經濟壓力，這些跟財務有關的情形，風水可能出了什麼問題呢？

風水問題

問題一：連穿三重門，金銀財寶化為塵

打從一進大門開始，我就清楚的看見廚房門，而廚房後面，又直接有個門通往後陽台，形成風水學上的一大禁忌，正所謂的三穿門（圖71），主大漏財之象，就算有家財萬貫，也不夠賠，前屋主除了做生意之外，買進一堆股票，慘遭套牢，又去跟朋友借貸，惹來這麼大的麻煩，就像一個無底洞一樣，一直追著錢跑，最後落得「跑路」的下場。

圖71

生活的角度：

如果將房屋比喻成一個人，就像食物從嘴巴吃進來，完全沒有消化、吸收就直接排出，那麼此人必然形骨消瘦，吃再多也沒有用，沒有健康可言，如果一個房子，可以讓人從大門直接看到後門，那麼豈不是讓人看穿所有一切，毫無隱私，也代表完全沒有防人的心，容易引起別人的注意，而引起小人入侵的機會。

必須從大門入口處直接設立一個玄關或固定式的屏風，遮住廚房與後門，讓人無法直接看到後門，也遮擋了三穿門的問題，房屋有了玄關，也象徵小明堂，陽宅風水氣流「喜迴旋，忌直沖」，也使得門外的氣可以透過屏風緩和下來，可以讓財運提升，如果想要增加人緣，或使家庭更和樂，也可以在玄關處擺放五色切花，也有加分的作用。

問題二：房門成拱，勞無所獲

為了使每個房門更加美觀，他的每個房門都做成拱門的造型（圖72），推

182

翻了一般傳統門框的呆板，顯得整個房子連門都跟別人不一樣，其實風水裡對於門的諸多禁忌，他已經不知不覺得造成了，拱門主退運，除了家運不興之外，還會產生有錢搬進來，沒錢搬出去的情形。

生活的角度：

當一個人每天回家，進房門就必須被一個像牛軛的形體框住（圖73），家正常來說是一個人休息的地方，現在回到家中，還被一個牛軛框住，不得休息，形成早上出門工作，晚上回去也有很多事要處理，人如果長期處於這樣的狀況下，身體必然不好，財運自然不好。

圖73

圖72

治本的方法，就是將門改成一般傳統的長方形門框，就可以化解，也會使人回家能夠充分得到休息，如果暫時無法將門改善，可以運用兩串五帝錢，分別掛在兩邊的門斗上，也可以獲得改善。

問題三：前後陽台外推，運勢遲滯不前

仔細一看，原來房子的前後陽台，早就被他為了空間上的使用而打出去了，他說現在不是大家都這樣嗎？又不是只有我家這樣，有何不可以？後陽台不僅打了出去，成為一個小小的儲藏室，將一堆不要用的東西全部放在那兒，前陽台更是為了使空間加大，將它做成了好幾個大鞋櫃，以前的建案，通常都會留有前後陽台，前陽台在風水上主男女主人的前景運勢，也是招貴人的好位置，而後陽台代表子孫的發展，實在不應該為了使空間加大將前後陽台外推，而使自己的財運逐漸走下坡。

生活的角度：

前後陽台可以供住宅觀賞外在風景，也是一個緩衝的空間，就如同房子有前後院一樣，住宅如果能夠擁有一兩個室外空間，也可以使人有多一個休息的地方，在風水上，多一個緩衝，等於多一個屏障，具有保護的作用，就算住家外面有一些形煞，都可以透過陽台的多一層保護，而降低殺傷力，一旦外推，屏障沒有了，男女主人的前景也沒有了，更別提到子女的發展了。

改善方法

民俗上化解的方法，必須沿著陽台外推的部分擺放36枚的古錢，平均以雙面膠黏貼在踢腳板處，或者在加蓋出去的兩側以金字塔型的黑曜岩來化解。

問題四：客廳天花板過低，處世崎嶇

這個房子，每個房間都做了天花板（圖74），特別的是客廳中間有一根大樑，為了遮

圖74

住這根大樑，前屋主將天花板做的特別低，一進門，有一種非常大的壓迫感，陽宅風水更有所謂的廳堂過低，前途晦暗不明之象。

生活的角度：

目前大樓林立，我們普遍發現大樓的樓板高度都有過低的情形，對於本來就不高的樓板，我們如果再做過度修飾的天花板，除了阻擋了陽光的照射之外，也會使人不喜歡待在客廳當中，客廳是全家人溝通最好的位置，失去了最好溝通的位置，無形中也會使自己的人際關係不好，自然財運不佳。

改善方法

一般天花板的正常高度約在兩百七十公分到三百三十公分是比較理想的，如果過低，除了必須提高客廳明亮度之外，盡量不做天花板，或將天花板拆除即可。

問題五：面對破落屋，傷財又傷身

房屋後陽台的對面，是一排老舊的公寓，屋頂亂七八糟，雜草叢生，頂樓還堆滿了一堆垃圾，看了令人作噁，顯然整個住宅的大環境是不理想的，而陽宅風水更將破爛不堪的房子視為破落屋（圖75），面對破落屋，不但財運不好，就連未來的出路也會大受影響，子女的運勢差，成績不理想，工作也不順利，到底該如何改善？

生活的角度：

風水既是一門環境學，一棟房子更不可能孤立在一處，它與鄰近的環境是息息相關的，因此外在大環境的吉凶均關係到自宅的運勢興衰，如果居住的外在環境惡劣又無法搬家時，就必須透過居家內部調整，有效的發揮住宅室內的舒適度，面對後陽宅外面看出去，如果有許久沒有人居住的房子，或是雜亂骯

圖75

髒的房子，蚊蟲自然比較多，自然影響到居住環境的品質。

改善方法

民俗上面對破落屋，必須用以明朝所沿用下來的法器「山海鎮」，藉由排山倒海的功能來改善。

第四篇

店舖與學生五行風水

店鋪風水如何招財納人氣？

陽宅風水除了居家風水之外，還包含店鋪風水、工廠佈局、辦公室開運等等，雖然基本的理論相同，但居家隔局與營業場所還是有不一樣的地方，居家格局有廚房、廁所、家庭環境與生活因素，考慮的因素比較繁瑣，營業場不同，有些不會設廚房與廁所，考慮的重點在於公司員工的向心力，職員的和諧度，團隊的氣勢，賣場的人氣，創造營業額，如何營造店鋪的氣氛，使顧客願意上門，公司的經營管理，甚至股東的理念，都可以藉由風水來調整改善。

很多人歡歡喜喜的找上一間店面，開開心心的創業，無非是想自己當上老闆，做自己生活中的主人，卻發現理想中的生意不如預期，甚至面臨倒閉的命運，事實上找店面也必須注意一些外在環境，還有五行的屬相，內部重點陳列，您知道自己的行業為五行的哪一項呢？現在就讓我們先了解五行與行業關係，達到開運佈局的目的。

壹・五行行業與風水

一、五行屬金的行業為

五金材料店，金融，珠寶店，當鋪，證券，珠寶，銀樓，銀行，搬家公司，採礦場，租賃買賣汽車業，交通運輸業，機械行，宅急便，人身產物保險，武術行，金屬加工，鐘錶，科技，事務機器行，跌打損傷，模具，電子，運動用品店。

二、五行屬木的行業為

室內設計，出版社，書局，花店，園藝店，盆栽，補習班，家具行，報紙，醫生，藥妝店，模板，茶葉行，作家，教師，醫療，軍警，公教界，素食店，文具店，裝潢，種植，建材，書局，蔬菜水果店，木材行，中西藥行，藥材店，樂器行，會計師事務所，律師，製衣廠。

三、五行屬水的行業為

冷凍食品行，冷飲店，水產店，魚販，水產業，釣蝦場，旅遊業，清潔公司，運輸業，貨櫃公司，旅遊業，旅行社，遊覽公司，音響配件，記者，演藝事業，電影，錄影帶，排水工程，下水道，包含海運空運，紅茶店，流動性的攤販，釣魚器材行，寵物用品，食品業，水果加工，水電安裝工程，水果加工，電梯工程，推銷，洗衣店，貿易，飲食業。

四、五行屬火的行業為

加油站，汽油，燃料物品，修理技術業，美容美髮業，電腦公司，熱飲，熱炒，能源，太陽能電池，電線電纜，發電機，核能，修護，自助餐，石油，泡棉，煙火業，理燙業，化妝品，美容，眼鏡行，火鍋店，電器行，瓦斯行，照相館，燈具行，炸雞店，廣告公司，廚具店，百貨公司，服飾店，玩具店，卡拉OK，雜貨店，飾品店，廚師，工廠，印刷。

五、五行屬土的行業為

房地產，土地買賣，建築業，承包商，石器，石板，畜牧，仲介，磁磚公司，土地代書，建築材料，玉器，宗教行業，水泥業，道路鋪設，皮革店，公共工程，印章店，土產店，水晶店，礦產業，經銷商，代理商，皮革業，人造皮，塑膠，柏油，製粉，製麵，製糖，陶器，企管顧問，設計，祕書。

大門決定店鋪風水

知道了五行行業別後，那麼就可以先檢查一下，店舖開門的方向，大門是納財氣的口（圖76），財氣口越旺，生意自然越好，顧客就容易上門，好的方位進來的當然是好顧客、好人、好事，反之，門向開的不好，除了沒有生意之外，還會有很多的是非事產生，也沒辦法賺到錢，現在我們就來看五行行業別與門向相對應關係：

圖76

五行屬土	五行屬火	五行屬水	五行屬木	五行屬金
吉門向為南方	吉門向為南、東南方	吉門向為北、西北方	吉門向為東、東南方	吉門向為西方
次吉門沒有	次吉門為東方	次吉門西方	次吉門北方	次吉門沒有
凶門向為東方	凶門向為北方	凶門向為南方	凶門向為西方	凶門向為南方

如何找到門向？請站在房屋的中心點對外，以指北針或指南針判斷門向即可。

門向的特點

東南方的門：是最容易吸引顧客上門的，自古以來，在一般的營業場所或是住家，「巽的正門」是被認為最佳吉向的門，因為東南的空氣清新，顧客容易有好心情進來，也就是容易吸引顧客上門。

東的正門：太陽升起之象，萬物欣欣向榮之意，以易經卦象來說，東方是

貴卦，也代表尊貴之意，門開東方，容易吸引一些比較有能力的客戶來消費，也容易刺激買氣。

南方的門：屬於穩健保守型，一般來說，門開南方，比較適合穩定性行業，上門的客戶為一般消費者，而且以實用為導向，比較不會有瘋狂購物的行為產生。

西北方的門：顧客量不大，有時生意好時會很好，生意不好時，客戶明顯減少，如果門開這個方位，會建議在大門口種植盆栽（圖77），還要配合內部的裝潢擺設，才可以使業務量穩定。

北方的門：代表勞苦之象，也就是要很努力才有可能有好的結果，因此此種門向比較適合開在社區的周圍，幫社區服務可以賺來財富，也適合五行屬水的行業別。

圖77

西方的門：是一個人員流動性比較大的門向，進出的客人多，但不見得都有購買的慾望，相對的也要注意人事的安排，也就是公司內部的人員管理。

西南方的門：這是一個無論如何努力都很難賺錢的門，員工的士氣低落，必須在大門周圍布置成紅色的裝飾（圖78），來提升人氣。

東北方的門：這是最不理想的門向，不僅業務量減少，還會招來一些是非人物，人員難管理，顧客很挑剔，沒有財運的門向。

圖78

貳‧外在環境與風水的影響

我曾經看過一間美容院，是在巷道的盡頭，也就是俗稱所謂的死巷，要知道，風水風水，就必須考慮風與水的流向，風即是氣的流向，巷子的盡頭也是氣終止之處，無法取得良性循環的氣場，是無法讓生意上門的，那間店面，3年換了幾個房客，但始終沒有辦法賺錢，開了又倒，倒了又開，真正的原因是因為他們選了一間無尾巷的店鋪，除了無尾巷之外，還必須考慮因素如下：

1、一條道路兩邊皆有店面，盡量選地勢高的，但不宜有2階以上階梯。

2、不宜在地勢低窪的地方開店，路面不可以比店面高，以防淹水，也要注意處事較為艱困之意。

3、店面格局必須工整方正，不宜缺角。

4、店鋪不可以孤高，也不可以被挾，如果店鋪開在一個四周只有它最高的建築，容易招惹人厭，如果四周的房子都比店鋪的高度來的高，也容易產生壓迫性的發展障礙。

5、店鋪不可以臨建築線寬，而裡面狹窄，成為梯形，俗稱的「畚箕厝」，畚箕是倒東西的農具，這種店鋪不聚財，也容易破財。

6、店鋪同一面牆，不宜開兩門，門多氣散，不聚財氣，門為納氣之口，要特別注意。

7、不宜在天橋旁下方，尤其是反弓水，更不是好的店鋪風水。

8、不宜在隧道出口，隧道出口車流太大，人潮不聚。

9、店鋪正前方不可有路沖直接而來，在路沖的位置店鋪主散財會有血光之災。

10、反弓的路面不宜，如果道路較彎，拋物線外緣的店面生意一定比對側內為街面的差。

11、店面對面是圍牆不宜，就像店面直接面壁的意思，也代表一開門，就受到阻礙。

12、店面對面是警察局、消防隊不宜，但醫院、金屬類不在此限。

13、大門面對天斬煞，或壁刀不宜。

14、要有騎樓，但騎樓不可以亂放機車、貨品，以免影響生意。

15、店面對面是宮廟不宜。

16、大門不宜太小，不聚財。

17、面對破落屋不宜。

198

18、不宜與高架橋平行或橋下，但八大行業與修車廠不在此限。

19、剪刀口不適合當店面，如果屬動刀的性質，就應其地勢而沒有事。

20、圓環區的店鋪亦不聚財，因店鋪延著圓形基地而蓋，形成了像「畚箕」形的店面，生意自然不佳。

21、店鋪不宜開在高架橋、高架道路、高架捷運旁，不宜在主幹線的道路，橋頭的兩端，車速太快不易下車停留的地點，或是道路比較彎的拋物線路面，外緣的店鋪生意一定比內緣來的差。

22、店鋪旁邊是垃圾場。

23、店門不宜對到尖角、電線桿、大樹。

屋宅或店鋪，如果能夠與負責人的八字喜用配合的話更好，一般來說不是不好的房子每個人都不好，而且同一個格局，也會因為陳設不同，吉凶也不會一樣，所以不管在選店面或是住家時，首先配合八字的喜用，再配合住宅本身的格局，觀察外氣地理結構是否富貴吉地，是否足以催助改變命運，審內氣挨星排列是否合乎原則，辦內外氣是否逢源，那就更圓滿了。

三‧利用內格局來招人氣，旺財氣

影響店鋪內格局的風水就是收銀機櫃臺與財位的布置，尤其是大樑下面如果正好是收銀機，或是櫃臺，那麼可能造成賺錢非常辛苦，甚至沒有生意上門，我曾經去看一間服飾店，店鋪的擺設平實不華麗，東西的價錢也不高，但生意一直不是很好，老闆娘常常生病，當我們實際了解之後，發現了最主要的問題，就是它的櫃臺上面有一根大橫樑，只要常坐在橫樑下方的人，會經常性的頭痛，睡不安穩，壓力很大，無心在工作上，因此我們將它位置調整之後，不僅老闆娘身體變好，業績也慢慢有起色。

另一種情形就是櫃臺背門，櫃臺背門比較容易有小人入侵的景象，也容易造成財運時好時壞，收入不穩定，也會讓坐在櫃臺的人，情緒變化比較大，經常性的換職員，因此櫃臺或收銀機不宜背門，宜向門，但不宜直接對大門。

200

四、利用植物可以改變生意磁場

生意要生生不息，生意要有人氣，植物會行光合作用製造氧氣吸收二氧化碳，一個好的營業場所，生氣的流通與新鮮相當重要，這將會決定人潮的多寡，也會刺激購買的慾望，與從業人員的思考力，當然不是漫無目的的擺放，而是必須配合方位風水。

東方：積極與向心力的提升，有助於公司的團結與向心力，人員不容易異動，可以擺上福祿桐，更有助於事業的推動。

南方：提升名譽和聲望的位置，讓店鋪的聲名遠播，此位置可以擺上玫瑰，但不能帶刺。

西方：代表事業永續經營發展的方位，可以擺上百合花，也有助於店鋪的生意。

北方：事業運上升的代表，可以擺上開運竹。

東南方：是錢財與富裕的代表，可以擺上有果實的樹木，像金桔。

西北方：人潮與人際關係的代表，可以擺上風信子。

東北：使店鋪的人氣更旺的方位，可以擺上黃色的向日葵。

西南：使店鋪穩定中求發展的方位，可以擺上黃色蝴蝶蘭。

考試風水這樣看

很多朋友擔心孩子的考運問題，甚至會不會讀書，如何增加智慧，可以事半功倍，除了書桌與書房的布置擺設之外，是不是可以從學習的課業上，劃分為五行，來提升考試運呢？以下老師利用簡單課業分五行，來加強讀書運…

1、主攻 數學類 風水（包含數學、微積分等）

五行屬水

面對一堆的數字，有時得花上很多的時間，才能計算出一題，有時花了很長的時間，不是算不出來，就是計算錯誤，在古代能算得一些物體的體積是被視為了不起的成就，這中間必須花很多的時間與精力，事實上，數學雖然只用數學的方法解釋，但數學的領域，更是超越了時空，千百年來哲學家、科學家談論不休的焦點，科學技術之所以發達，探其原因，數學要居首功，其實如果把數學融入在生活當中，你會發現所有的思考邏輯，都與數學有關，因此我們常會說，會過生活的人，分析能力強，頭腦清楚，數學自然也容易懂，如何使

數學融入生活，是我們今天在風水布置上的重點。

建議在房間內多擺放一些藍色或黑色的物品，尤其是藍色的布置，它可以激發潛在的能力，尤其是面對一堆數字，上課時都聽得懂，回家都看不懂，這時藍色就會發揮很好的效果，有時計算了好長的一段時間，卻怎麼也求不出答案，甚至使失了信心，這時藍色的窗簾或床單，可以使人提升自己的求知能力，並具有不達目的，絕不放棄的精神，如果常常覺得對自己計算的過程，沒有信心，三心二意，這時可以用深藍色的小擺飾，會使得心中的踏實感增加，加強自己所學的觀念，也會在計算的過程當中減少錯誤的機會，由於過多的使用藍色，會使得房間沒有生氣，缺乏活力感，所以可別整個房間漆成藍色，這反而會有副作用，變得不想計算，頭腦老是昏沉沉的，提不起勁，所以老師會建議，除了床單與窗簾，或是電話等小裝飾，或是藍色的地毯，來增強計算與數理方面的運勢。

書桌上的布置，盡量利用圓形的文具用品，五行中為水，顏色為藍、為黑，形狀是圓形，但圓形的文具用品並不多，除了滑鼠墊，小滑鼠之外，圓型的筆筒也可以，另外在書桌上的右手邊放置一個圓形的小時鐘，也可以提升運氣，可千萬不能擺放三角形的時鐘或是紅色的文具用品，那會削減五行水的能

量，變得不想坐在書桌前，算術的能力感覺好像速度變快了，卻是一題也做不好，書桌的材質也建議用木製，利用五行水生木的能量，也有助於紓緩緊張的情緒，讓學習成為一種興趣，不再恐懼，如果覺得這一陣子常常力不從心，學習遇到瓶頸，此時建議換一盞新的圓型檯燈，將光源朝向自己，就可以達到您想要的效果喔。

2、主攻　語文類　風水　（包含國文、英文、日文等）

五行屬木

　　語文類的科目，總是顯得枯燥乏味，面對那些艱澀困難而不熟悉的文字，又必須真正去了解它的含意，如果不懂真正的註解，只是強迫自己記住，那麼死背幾乎是沒有作用的，此時如果沒有清楚的記憶力，背下來的東西，又沒有真正的理解，很快的就忘記了，有時明明今天才看的書籍，認為自己都準備好了，等明天一拿到考卷，卻怎麼想也想不起來，而往往成績一出來，結果常常是令人不滿意的，雖然認真的準備了那麼久，好像一點幫助也沒有，此時您可

能要檢查一下房間的擺設，利用風水來助您一臂之力，使您考試運、讀書運都比別人更旺。

　　建議在房間內多擺放一些綠色的物品，綠色是一個隱藏大自然能量的基本色彩，語文類屬木，如果再透過強烈的「木氣」，可以使房間內的氣場穩定，更有一種安定、樂觀、萬象一新的感覺，讀起書來更顯得輕鬆又愉快，它是一個代表發展的顏色，可以有效的提升您的人際關係，當讀書遇到困難時，甚至壓力來臨時，也可以順利的得到同學與師長的解惑，如果希望讀書當中增加一點點活力，不會常打瞌睡，這時候建議多擺放黃綠色的物品，因為黃綠色代表活躍、快樂與積極，如果您希望有更清楚的記憶力，那麼就多擺放一些藍綠色的物品，藍綠色也代表平靜、安定，但要注意，過多的藍綠色，會使眼睛容易疲勞，反而容易遭來反效果。

　　書桌上的布置也會帶來加分的作用，此時建議您的文具用品改換成長方形，長方形的木製筆盒，因為五行中的木，是為長方形，少擺放一些帶金屬類的東西，例如手機就不宜擺放在書桌上，因為金會剋木，會削減木氣，使讀書提不起勁來，讀書的效果減分，甚至不想坐在書桌上，只想等朋友的電話，而書桌也不能用金屬製的材質，因為過多的金性質量的東西擺放在房間，對語文

的學習力都是不理想的，也容易變得心浮氣燥，相反的，如果您用的是木製品的長方型書桌，也有助於考運，檯燈也選長方形，不用圓形，並在書桌的左前方擺一些計算紙，或是目前在進修的課本，可以提升考運，因左方為貴人方，紙張或書本在五行也屬木，但可不能整個書桌都擺上課本，那可是會使自己的壓力大到喘不過氣來，到時腦袋一片空白，反而容易使讀書變成一件苦差事，而沒有慾望想了解書本的真正意思。

3、主攻 自然類 科目的風水 （包含理化、生物、地科）

五行屬金

　　自然類與數學科目著重的是在理解，如果用死背死記的方法來讀數理科目，當遇到靈活的考題肯定原形畢露！即使努力的多做很多題目，基礎不了解，無法養成自我思考的能力，其實讀任何科目都是一樣，一個正確的讀書方法一定要著重在「理解」，而如何加強自己的思考理解能力，則一定要配合分析統整筆記的習慣；有了正確的方法，可以縮短大量的讀書時間，快速提升讀

書效率，減輕你的讀書壓力；讓你有更充分的時間去準備更多功課，或做你想做的事，在自然科系當中，由於五行屬金，金本身為金屬，為敏銳的觀察力，如果在房間內的風水格局當中做適當的擺設，那會使得理化等自然科目學習起來，一點也不費力。

建議在房間當中，多擺放白色小擺飾，在風水的領域當中，白色具有淨化空間，趕走不好的運氣的功能，也就是當你想要改變自己，甚至以前可能學習上有障礙，想要重新開始，認真學習自然題組時，可以大量使用白色，尤其是對於正想拋開過去不理想的成績，它有一種想要轉換成為努力奮發圖強的功能，而身上更要每天攜帶一條白手帕，也有助於正確的分析能力，盡量保持室內空氣流通，不要整天坐在冷氣房當中，否則常常會有這個「題目好像看過」，但往往不會做的情形，還有房間內的物品要排放整齊，不能亂丟，或是找不到的情形發生，因為生活即風水，如果連自己的東西都不知道擺在哪裡，那麼是不會有任何的判斷力與分析力的，相對的，數理能力也提升不起來，因此如何將雜亂的物品變得有邏輯、有系統，分類做得好，自然就輕鬆，讀書也不會浪費時間囉。

書桌上的布置，也可以使用金屬的辦公家具，如果是木頭桌椅，可以擺放玻璃當作桌墊，也會使金的能量上升，因為五行中的金為五邊形，文具上並不好找，另外也可以採用圓形的文具用品，在書桌的正前方擺放一個小鬧鐘，也會使注意力集中，物品盡量以白色為主，不用紅色系列，因為五行中的火可是會削減金的能量，會使得計算問題時，往往有想不起來的現象，另外在書桌的南方，擺上一個計算機，有助於增加靈感，那麼對於需要研究或是了解的科目時，會產生很大的作用力。

4、主攻　社會類　科目的風水　（包含歷史、地理、公民）

五行屬土

這個科目就像真實的社會中一樣，有人與人曾經發生過的故事，有人們走過的痕跡，有生活中的紀律，就像歷史，永遠當作小說來看，把課本的內容理解就好，它不能死背，卻要不厭其煩的當成故事書，而地理，更是要熟記地圖，如果有時間，更可以真的去一趟書本所探討的地點，而公民，就是生活的

紀律，此時的你，必須要培養耐心、恆心與毅力，不厭其煩的去了解它，熟記它，才能創造出好成績，而此科目五行屬土，象徵大環境的包容力，因此如果房間可以創造一個具有包容的風水磁場，考運必然加分

建議在房間當中，多擺放黃色或鵝黃色的小擺飾，黃色可以使自己的精神更集中，對主修社會科的朋友來說，精神恍惚的狀態下讀書，只能求明天有好成績，對於長久的記憶是完全不具任何效果的，因此黃色的佈局很重要，黃色的另一個效果就是使人有警覺性，有時候讀書時也可以用一枝黃色的色筆畫上重點，它可是會加強你的記憶力，也會提升你對書本的注意力，如果長期覺得念這些科目令你煩悶，甚至一看到書本就想睡覺，這時請將床單或是窗簾換上鵝黃色，它將使你重回信心，因為長期使用黃色，它會使人的心情變得活潑有動力，求學變得主動積極，而相反的，過多的黃色也會遭來反效果，反而變得不具任何的動力與求知慾，因此建議如果可以在鮮豔的黃色中加上一點點的白色，就能為房間帶來五行屬土的能量。

書桌上的布置，盡量利用四方形的文具用品，五行中為土，顏色為黃，形狀為四方，書桌的材質可以為金屬，像現在的ＯＡ辦公桌，如果覺得太冰冷，

可以在書桌的上方擺上一條黃色的四方巾，也會有加分的作用，念社會科的朋友，手機放在桌上沒有關係，也不用刻意收起來，如果想找到好的同學跟你一起用功，或是希望他在課業上可以幫助你，可以將檯燈擺在書桌的東南方，這樣很快的好同學就會出現，檯燈的顏色要柔和，不可以太白或太藍，其實好的照明，不但影響眼睛的健康，更可以左右讀書的運氣，如果常常覺得最近考運不好，頭腦不開竅，趕緊檢查一下房間或是書桌的照明是否出了問題。

5、十二生肖五行幸運小語

鼠

五行屬：水／幸運物：白色水晶

一般屬老鼠的朋友，在求學過程中，常常是同學的點子王，哪裡有好吃的、好玩的、可以讀書的地方，問他一定都知道，他是屬於一種聰明絕頂，但智慧可能只在二樓的人物，由於他的五行中為水，因此幸運物為白色水晶朝貴

人，可以加強智慧，成為一個小小的班級領導人物。

牛

五行屬：土／幸運物：紫色水晶

屬牛的朋友，保守穩健，不誇大，思想單純，通常是老師與同學中的最愛，但木訥念到凌晨一兩點，永遠比別人更晚睡，永遠比別人更早起，但成績永遠趕不上，想讓自己增加考運，不妨多帶點紫水晶，活化自己的思維，增加自己的考運。

虎

五行屬：木／幸運物：藍寶石

屬虎的朋友，天生聰明反應快，好奇心強，是屬於常發問寶寶型，又興趣廣泛，什麼都想學，但是耐心、恆心不夠，常有先熱後冷的毛病，所以求學中，常有博學多聞而不專精的雅號，給人的感覺坦率，不藏私，如果想要讓自己的恆心與耐心持續，帶點藍色水晶寶石，都具有穩定安定神經的功能。

兔

屬兔子的朋友，天生就有比別人強的好運，就連考試運也不例外，由於本身具有強烈的親和力的特質，在求學過程中，只要不吝嗇去幫同學解決問題，通常可以幫助自己的理解能力，但如果不肯幫助同學，或是不願意跟朋友分享你的成就，那可是會得到反效果的，帶點綠色開運飾品，好運將會持續。

龍

五行屬：土／幸運物：紅色飾品

屬龍的朋友，通常主觀意識很強，只相信自己的所見所聞，具有打破砂鍋問到底的特質，但有時也常常無厘頭的問一些不著邊的問題，令人反感無所適從，雖然感覺他很努力，但由於過於執著，而錯失很多機會，要使自己的頭腦更清楚，多帶點紅色飾品在身上，才不至於好運從身邊溜走而不自覺。

蛇

五行屬：火／幸運物：綠色植物

屬蛇的朋友，永遠給人自信滿滿的感覺，平常的考運也不錯，是屬於老師不擔心，家人不操心的好孩子，但遇到大考就失常，此種運勢為先盛後衰，長期處在先旺後弱的運勢，必然使自信心減退，也就是所謂的不穩定狀態，那麼請在書房放置綠色植物，讓好的運勢不斷持續下去。

馬

五行屬：火／幸運物：金黃色水晶

屬馬的朋友，求知慾望強烈，樂觀好動，不怕困難，積極面對可能發生的情形，積極參與任何比賽，更希望有人可以跟他一較長短，因此跟他當同學，他會很樂意的與您分享他所知道的一切，也喜歡競爭，這樣的特質，在求學生涯中，是被肯定的，帶點金黃色的水晶，更可以加強考運。

羊

五行屬：土／幸運物：木製葫蘆

屬羊的朋友，有一種大智若愚的特性，他的成績往往會使人跌破眼鏡，在平常的考試或求學當中，你看不出他有什麼比別人更優秀的，而往往也不是別人競爭的對手，但一旦到了比較重要的考試，他就像一匹黑馬，令人刮目相看，因此在書桌上擺一個葫蘆，使平常考跟大考一樣好。

猴

五行屬：金／幸運物：黑色金字塔

屬猴的朋友，往往會遇到比別人更多的阻礙，有時明明是非常容易的題目，也無法獲得高分，常常會有使不上力的現象，甚至對求學常常心存問號，認為花再多的時間好像也不會達到預期的效果，這時可以在書桌的後方，擺放一對金字塔形黑曜石，可以遇難呈祥，化險為夷，讓讀書運勢轉旺，天天都開心。

雞

五行屬：金／幸運物：藍色文鎮

屬雞的朋友，過度的矛盾與執著是你求學的一大瓶頸，雖然你的周圍好友都會想幫助你，但由於你的個性常常自我衝突，一下子覺得這個好，一下子又覺得另一個也不錯，常常搞不定自己，令你的朋友也無所適從，可以在書桌上擺一個藍色文鎮，可以使執著的個性變得比較有轉圜的餘地，判斷力也比較不容易出錯。

狗

五行屬：土／幸運物：紅色文鎮

屬狗的朋友，生性具有令人信賴的感覺，做事、求學也顯得比較實事求是，對於沒有把握的事情，不會輕易的答應別人，更不會輕易作答，有時給人硬梆梆的感覺，變得不容易相處，因此總是一個人躲起來看書，做自己想做的事情，反而失去了很多學習的機會，書桌上擺上紅色文鎮，使自己求學處事更

豬

五行屬：水／幸運物：白色水晶

屬豬的朋友，少了一點點主動學習的求知慾，認為反正成績剛剛好就好，不需要太用功、太努力，畢竟生活不是只有讀書而已，也因為這樣的特質，很容易引起師長與長輩的操心，但他總是無所謂，認為他們的擔心都是多餘的，也容易引發爭執，其實你是缺少了主動學習的動力，將白色水晶帶在身上，可以將此情形改善。

圓融。

國家圖書館出版品預行編目資料

好風好水好運到／鄭雅勻著.
－－第一版－－臺北市：知青頻道出版；
紅螞蟻圖書發行，2012.4
面　　公分－－（Easy Quick；119）
ISBN 978-986-6030-22-2（平裝附光碟）

1.相宅

294.1   101002598

Easy Quick 119

好風好水好運到

作　　者／鄭雅勻
校　　對／楊安妮、周英嬌、鄭雅勻
發 行 人／賴秀珍
總 編 輯／何南輝
出　　版／知青頻道出版有限公司
發　　行／紅螞蟻圖書有限公司
地　　址／台北市內湖區舊宗路二段121巷19號（紅螞蟻資訊大樓）
網　　站／www.e-redant.com
郵撥帳號／1604621-1　紅螞蟻圖書有限公司
電　　話／(02)2795-3656（代表號）
傳　　真／(02)2795-4100
登 記 證／局版北市業字第796號
法律顧問／許晏賓律師
印 刷 廠／卡樂彩色製版印刷有限公司
出版日期／2012年4月　第一版第一刷
　　　　　2014年7月　第一版第二刷

定價 399 元　　港幣 133 元
敬請尊重智慧財產權，未經本社同意，請勿翻印、轉載或部分節錄。
如有破損或裝訂錯誤，請寄回本社更換。
ISBN　978-986-6030-22-2　　　　　　　**Printed in Taiwan**